RUMO AO DISCIPULADO

Uma série de orientações para os aspirantes ao discipulado

J. Krishnamurti em Pergine.

J. Krishnamurti

RUMO AO DISCIPULADO

Uma série de orientações
para os aspirantes ao discipulado

EDITORA TEOSÓFICA

© American Theosophical Society
U.S.A., 1926

Direitos Reservados à
EDITORA TEOSÓFICA
Sig Sul Qd. 6 Lt. 1.235
70.610-460 – Brasília-DF – Brasil
Tel.: (61) 3322.7843
E-mail: editorateosofica@editorateosofica.com.br
Site: www.editorateosofica.com.br

K 89

Krishnamurti, J.

Rumo ao discipulado / J. Krishnamurti:
Tradução, Francinaldo Freire da Silva.-1.ed.- Brasília:
Editora Teosófica, 2016.

Tradução de: Towards discipleship
ISBN: 978-85-7922-127-9

I. Teosofia
II. Título

CDD 212

Equipe Revisão: Ricardo Lindemann
Walter Barbosa
Zeneida Cereja da Silva
Diagramação: Helkton Gomes - Fone (61) 8485-2561
helkton@hotmail.com
Capa: Marcelo Ramos (61) 3797-7755
Impressão: Gráfika Papel e Cores (61) 3344-3101
E-mail: comercial@papelecores.com.br

Dedicatória

Para meu irmão NITYA.

Prefácio

Em Pergine, eu e meu irmão passamos um dos nossos verões mais felizes e, uma vez que íamos deixar aquele belo e ideal lugar, ele e eu comentávamos nossa estadia lá, o lago distante e as montanhas recobertas de neve. Nós começamos uma nova vida no castelo de Pergine, e eu espero que todos aqueles que lá estiveram conosco sintam a mesma coisa.

Estas palestras pessoais foram dadas a amigos, e não ao público em geral. Mais tarde alguns desses amigos sugeriram que nossas conversas deveriam ser trazidas a público sob a forma deste pequeno volume. Caso eu soubesse que nossas palestras matinais iriam sair como um livro, eu certamente teria sido mais cuidadoso ao expressar meus pensamentos. Então, eu peço aos meus leitores que se lembrem de que todas essas palestras foram extremamente informais e não convencionais. Mas espero que possam ser úteis.

J. Krishnamurti

Prefácio da Edição Brasileira

Jiddu Krishnamurti (Madanapalle, Índia, 1895 – Ojai, USA, 1986) conduziu estes diálogos ou palestras informais com aspirantes ao discipulado, em Pergine, na Itália, em novembro de 1924. Participaram desses diálogos alguns jovens que eventualmente vieram a contribuir significativamente para a Sociedade Teosófica (S.T.) ou a Instituição Cultural Krishnamurti (I.C.K.), tais como seu irmão Jiddu Nityananda (J.N.), D. Rajagopalacharya (D.R.), entre outros. Eventualmente, são também mencionados os tutores de Krishnamurti: a Dra. Annie Besant (A.B.), então Presidente Internacional da Sociedade Teosófica, e o Bispo + Charles Webster Leadbeater (C.W.L.), Bispo Fundador da Igreja Católica Liberal, que descobriu Krishnamurti, na praia de Adyar, em 1909, por meio de clarividência (vide LEADBEATER, C. W. *Clarividência*. Brasília: Teosófica, 2013), e assim iniciou o seu treinamento oculto. Tendo então sido treinado por C. W. Leadbeater, Krishnamurti publicou seu primeiro livro em 1910: *Aos Pés do Mestre* (Brasília: Teosófica, 1999), cuja leitura aqui deve ser recomendada, porque fica pressuposta em alguns dos comentários.

Na verdade, para melhor compreender o contexto teosófico do treinamento oculto em relação à temática do Discipulado que o autor trata nesta obra, bem como às eventuais referências feitas à Escola Esotérica de Teosofia (EET), à Hierarquia Oculta e ao Instrutor do Mundo, talvez fosse oportuno recomendar também a leitura de *Os Mestres e a Senda* do Bispo + C. W. Leadbeater (Brasília: Teosófica, 2015).

Krishnamurti, em 1924, era membro ativo da Sociedade Teosófica e Chefe da Ordem da Estrela do Oriente, criada pela Dra. Annie Besant em 1910, cujos membros esperavam a vinda do Instrutor do Mundo – do qual Krishnamurti seria o veículo – promovendo a percepção da unidade universal e paz mundial, como base de uma nova religião. Krishnamurti dissolveu aquela ordem em 1929, afirmando que "a Verdade é uma terra sem caminhos".

Ele manteve interesse nos rumos da S.T. até o fim dos seus dias, sugerindo à Dra. Radha Burnier que se candidatasse à respectiva presidência internacional, cargo que ela ocupou de 1980 até sua morte em 2013. A seu convite, com quem sempre manteve contato fraterno e inspirados diálogos, Krishnamurti visitou várias vezes Adyar, a sede internacional da ST na Índia, tendo até plantado árvores comemorativas.

Neste livro, Krishnamurti ainda usa termos da linguagem esotérica e teosófica como o "elemental" dos corpos, ou seja, que os corpos em que habitamos têm consciência e vontade própria, como comenta a Dra. Radha Burnier: "Cada partícula em cada corpo, como uma unidade viva, tem sua própria consciência, pois a vida, funcionando em seu próprio nível, e de maneira apropriada, encontra-se em todo tipo de agregado de matéria. O agregado que é o corpo – quer seja o agregado físico, emocional ou mental – também tem uma consciência própria." (BURNIER, R. *Aprendendo a Viver a Teosofia*. Brasília: Teosófica, 2013. p. 205)

Em *Aos Pés do Mestre*, Krishnamurti considera: "Mas o corpo e o homem são dois, e a vontade do homem não é sempre a que o corpo deseja. [...] Quando há trabalho que precisa ser feito, o corpo físico quer descansar, passear, comer e beber [...] O corpo astral [ou emocional] tem seus desejos – e os tem às dúzias; ele quer que fiques irado, que digas palavras ásperas, que sintas ciúmes, que sejas ávido por dinheiro, que invejes as posses de outras pessoas, que te entregues à depressão. Ele quer todas estas coisas, e muitas mais, não porque deseje prejudicar-te, mas porque gosta de vibrações violentas, e gosta de mudá-las constantemente. [...] Teu corpo mental deseja pensar em si mesmo orgulhosamente separado, pensar muito em si mesmo e pouco nos outros. [...] Quando tu meditares, tentará fazer-te pensar sobre as inúmeras diferentes coisas que ele deseja, em vez de pensar na única coisa que tu queres. Tu não és esta mente, mas ela é tua para que a uses; assim, aqui novamente o discernimento é necessário. Tens de vigiar incessantemente, ou falharás." (*op. cit.*, p. 20 – 24)

Portanto, desde o seu primeiro livro, Krishnamurti considera essencial o autoconhecimento como caminho para a libertação do sofrimento, que abrange o conhecimento dos elementais dos corpos físico, emocional ou astral, e mental: "Não confundas teus corpos contigo mesmo – nem o corpo físico, nem o astral, nem o mental. [...] Precisas, porém, conhecê-los todos, e conhecer-te a ti mesmo como senhor deles." (*Ibidem*, p. 20 – 21)

Agradecimentos são devidos a todos que de alguma forma contribuíram para esta edição histórica que complementa a visão panorâmica da vasta obra de Jiddu Krishnamurti.

Brasília, 26 de agosto de 2016.

+ Ricardo Lindemann
Diretor da Editora Teosófica
Diretor Cultural e de Estudos
Sociedade Teosófica no Brasil

Apresentação

No verão de 1924 um grupo de amigos se reunia ao redor de Krishnaji na linda região de Trento na Itália. O velho Castelo de Pergine, transformado em um hotel, tornara-se o seu quartel general. A maioria dos confrades era jovem, e todos estavam ansiosos por aproveitar a oportunidade de estar com Krishnaji a fim de se aproximar do coração das coisas, e se tornarem aptos a ser discípulos dos Grandes Mestres. Então, dia após dia, o grupo se reunia nas encostas verdejantes da colina de um pomar de macieiras e falava a respeito dos Mestres, e da Senda que a Eles conduz. As palestras eram informais e pessoais; e nisso reside seu encanto e seu valor. Elas eram anotadas à mão por um dos membros do grupo; necessariamente, portanto, não há a menor precisão verbal nelas. Além do mais, Krishnaji não revisou nem corrigiu pessoalmente suas falas. Tal trabalho foi feito por outros, os quais as puseram em forma de livro na esperança que elas possam se provar inspiradoras para um círculo mais amplo de pessoas, da mesma forma que o foram para aqueles poucos que as ouviram naquelas colinas italianas.

C.J
V.C.P.

Rumo ao Discipulado

1

PERGUNTA: Quais são as qualificações especiais que devem ser adquiridas antes da Provação, Aceitação e Iniciação?

KRISNAJI: As qualificações essenciais para se ter como meta antes da Provação são: (1) altruísmo, (2) uma grande medida do tipo apropriado de afeição, e (3) capacidade de ser solidário. Para a Aceitação, um estado de atenção geral e constante sobre si mesmo, de modo que se possa tornar um bom canal para os Mestres. E antes da Iniciação, a pessoa precisa ser excelente em tudo – agir de forma excelente, pensar com excelência, e sentir com excelência. Nós precisamos ter uma amplidão de mente, e ser capazes de enxergar todas as coisas de um panorama amplo. Existe uma qualificação especial antes da Aceitação, é a extrema pureza do corpo e da mente. Não devemos ter pensamentos impuros, como por exemplo, sobre o sexo, etc.

Todos nós às vezes tagarelamos sobre excitamentos e emoções. A raiz disso, se a procurarmos, frequentemente está no egoísmo. O mesmo acontece quando a gente gosta de alguém e quer que essa pessoa também sinta a mesma coisa. Nós ficamos contrariados quando a outra pessoa deixa de retribuir nosso afeto. Se formos para Adyar ou para a Austrália, emocionalmente excitados e descarregando a nossa excitação nas conversas por toda parte, nós descobriremos o nosso erro, e então há o perigo de uma reação. Podem ser encontradas em Adyar e na Austrália pessoas que quase já eliminaram suas emoções. Não façam vocês a mesma coisa. Não eliminem ou reprimam suas emoções. O que é necessário não é a repressão, mas controlar e canalizar as emoções. Alguns de nossos trabalhadores são pessoas muito gentis, mas a maioria deles tem suas emoções por demais reprimidas. Eles estão propensos a ser duros e frios. Se você for capaz de penetrar por baixo da camada superficial de repressão, vai descobrir que no fundo são pessoas muito boas.

Notem bem, C.W.L os ajudará a eliminar, ou melhor suprimir, suas emoções do tipo errado. Se ele encontrar algum de vocês espalhando todo tipo de emoção por toda parte, ele vai chamar a atenção dessa pessoa, e ela vai ter de 'deixar isso de lado' e vocês também. Ele não vai permitir emoções descontroladas, e tratará vocês drasticamente se demostrarem emoções descontroladas. Então vocês terão de começar novamente desde o começo com grande dificuldade; por algum tempo vocês terão de cultivar o tipo certo de emoções – emoções mantidas apropriadamente sob controle. Lembrem-se, se eliminarem uma emoção, terão de começar tudo outra vez. Pode ser feito, é verdade, mas é muito mais fácil ter cuidado desde o começo e substituir a repressão pelo controle das emoções.

É muito necessário aprender a controlar as emoções, mas não esmagá-las no processo. Existe uma inclinação natural para se fazer isso, a menos que sejamos muito cuidadosos. Eu me recordo de ter cometido este mesmo erro dez anos atrás. Quando eu estava profundamente encantado por alguém. Eu sentia que era um sentimento errado, então eu o sufocava. Nós precisamos ser capazes de experimentar emoções profundas e intensas, e mesmo assim tê-las sob

Rumo ao Discipulado

perfeito controle. *Amma*[1] é um exemplo muito notável de uma tremenda capacidade de sentimento humano, e mesmo assim com suas emoções perfeitamente sob controle.

As pessoas que tentam reprimir todas as emoções tornam-se quase mortas. Elas lutam cada vez mais contra os seus desejos pessoais quando descobrem que eles são errados, até se tornarem tão endurecidas ao ponto de serem incapazes de experimentar qualquer tipo de emoção forte.

É uma tarefa difícil esta que cada um de nós colocou diante de si. Se tivéssemos sabido de um décimo das dificuldades que cada um de nós teria de enfrentar, duvido que tentaríamos realizar tal tarefa. E deste ponto de vista, é uma benção não sabermos. Entretanto, não devemos ser cegos aos fatos à medida que os percebemos. Difícil como todo o empreendimento já é, nós podemos simplificá-lo bastante se começarmos da maneira correta, que é: seja impessoal em tudo aquilo que você faz, pensa e sente. Não coloque a sua própria personalidade na frente de tudo ou de qualquer coisa. Contente-se em sempre fazer o papel de coadjuvante. O papel de protagonista é o do Mestre.

De tempos em tempos, vocês vão achar tudo difícil, muito difícil daqui para frente. Vocês têm de lutar continuamente o tempo todo. Vocês não podem se casar, a menos que o *Karma* os induza a isso, porque vocês precisam estar constantemente a serviço do Mestre. Então, vocês não podem esperar ter um(a) companheiro(a) pela vida. Vocês podem sentir a necessidade de tal companhia, de ter um lar para si. Em vez disso, vocês têm de caminhar sozinhos por toda a vida; e vão achar isso muito difícil. Vocês podem imaginar a solidão

---

[1] Palavra em tamil para 'mãe', referindo-se à Dra. Annie Besant. (Nota do Autor)

de A.B.? O fardo de sua vida é doar, doar, doar o tempo todo, e não ter ninguém que lhe retribua. Quantos dos seus milhares de seguidores lhe dão algo em retorno? Claro que há alguns aqui e ali, mas o que significa isso em comparação com toda a sua vida de entrega e de serviço?

A única maneira de se evitar uma enxurrada de dificuldades e de problemas em nossas vidas é pôr todo pensamento de lado, exceto o pensamento sobre o trabalho do Mestre. Vocês não devem ter nenhuma espécie de desejo pessoal, nenhum pensamento sobre avanço pessoal, de Aceitação ou Iniciação, ou qualquer coisa do tipo, somente o pensamento de como ser igual ao Mestre. Este é o único caminho. A menos que vocês façam disso agora um objeto de ação, de pensamento e sentimento impessoais, como instrumentos do Mestre, vocês acharão a vida tremendamente difícil de atravessar.

Tantas pessoas já me perguntaram: "você reúne todos estes jovens em torno de si. O que vai fazer com eles? Você mesmo vai se casar? Você vai viver uma vida inteira de sacrifício, desistir de tudo e trabalhar apenas para o Mestre, ou vai ficar rico e viver confortavelmente? E mesmo que você não se case, todos estes outros vão trabalhar da mesma forma sem se casar?". É muito difícil dizer qualquer coisa em resposta a isso, exceto que, primeiro e acima de tudo, o nosso único desejo é o de servir ao Mestre e também deixar de lado o elemento pessoal.

Lembrem-se, essa é a sua única graça salvadora. Vocês não devem ter qualquer outra coisa pela qual viver, exceto o Mestre, e vocês devem viver continuamente com esse pensamento. Tudo aquilo que fizerem deve ser feito impessoalmente, e para o Mestre. Todos vocês serão um dia postos em posições de alguma importância, e devem tomar cuidado para não se tornar vítimas da vaidade por pensarem

Rumo ao Discipulado

em vocês mesmos e no seu trabalho, e nas suas próprias realizações. Aí é que cada um de nós deve ser bastante cuidadoso e precavido, especialmente quando chegarmos a ocupar posições de relativa importância.

2

KRISHNAJI: Para se conseguir o contato real, melhor dizendo, pessoal, com o Mestre, a única maneira é o altruísmo. De outra forma não se pode chegar até esse estágio. Em nossa vida diária, por exemplo, sempre há o eu que é tão completamente dominante em cada um de nós. Todos temos personalidades fortes, e personalidades fortes são bastante úteis. Mas o que necessitamos é ter uma personalidade forte e mesmo assim ser impessoais. É uma lição essencial para se aprender na vida, dar sem exigir nada em troca, que é o único meio de se progredir. Algum dia todos nós haveremos de chegar a tal ponto. A aniquilação completa do eu, a equação pessoal, é o caminho mais rápido para se chegar ao Mestre. E a maneira de começar a se livrar da equação pessoal é simplesmente esta: nós precisamos encarar cada coisa honestamente (muitos dizem querer saber, mas na realidade não querem), ver o que é o eu e o que é o não eu. No instante em que pudermos ver e agir a partir disso, imediatamente a coisa está feita. Mas em vez disso, o que estamos fazendo é dizer: 'ah, muito bem, eu vou resolver isso amanhã'.

Voltando para nossa conversa de ontem, eu entendo que cada um de nós precisa sentir amor e afeição profunda e fortemente por alguém, pelo Mestre, quero dizer; mas não deve haver o desejo de ser único e exclusivo para Ele. Como poderia ser? "Eu me pergunto se eu sou o favorito" – este é o tipo de instinto que tem de desaparecer. Tem de haver amizade e unidade reais. No momento em que nós realizamos tal unidade entre todas as pessoas, o Mestre se aproxima. Nós devemos ao menos realizar tal unidade em primeiro lugar entre

Rumo ao Discipulado

nós mesmos. Estamos todos na posição de devotos, e mesmo assim somos incapazes de sentir um real e forte sentimento ou ligação afetiva de qualquer espécie. Mas este é o único meio de progredir.

Quando forem para a Austrália, descobrirão que lá existem outros rapazes e moças com personalidades igualmente tão fortes quanto as de vocês. Percebam que aos olhos de vocês eles podem aparentemente não valer nada, mas mesmo assim eles podem estar mais perto do Mestre do que vocês. Aconteça o que acontecer, não julguem. Aqueles que estão lá podem parecer medíocres, mas devem ter adquirido alguma coisa que os fez progredir. Mantenham os olhos abertos e aprendam com cada um deles. O primeiro requisito é a adaptabilidade, que é muito difícil para os europeus.

O Mestre pode aparecer para você qualquer dia, até no seu quarto. Você deve ter capacidade de saber o que fazer em tal caso. A maioria de nós não saberia o que fazer, e todos devemos estar autoconscientes. Não adianta tentar perceber o Mestre, quando somos incapazes de ver a grandeza real dos outros, em Amma, por exemplo. Toda vez que meditarmos sobre o Mestre, deve haver uma revolução dentro de nós, o pensamento precisa nos retirar para fora de nós mesmos, por assim dizer. A condição de uma pessoa que sempre está calculando e dando voltas em torno do mesmo assunto é muito pouco natural. Ela precisa eliminar isso. Terá que lutar para se livrar disso e purificar-se. Existem muitas pessoas na S.T que criaram armaduras em torno de si.

Nós temos exatamente mais dezesseis dias. Precisa acontecer uma mudança tremenda em cada um de nós de forma que o Mestre não consiga tirar os Seus olhos de cima de nós – sabem o que estou querendo dizer? C.W.L. deixou sobre nós uma marca distintiva. Ela é permanente. Deve ter acontecido a mesma coisa com todos que estão aqui. As coisas estão acontecendo a cada momento, e mesmo assim nós aparentemente não as percebemos, ao ponto de sermos incapazes de mudar, mesmo que estivéssemos perto de um Mestre. Eu lhes asseguro. A insistência costumeira e implacável[2] de C.W.L. era uma coisa impressionante. Ninguém vai fazer isso por vocês, então vocês devem ter o desejo e a ânsia de avançar por si mesmos.

---

[2] Certamente ainda como professor tradicional do modelo de educação britânica do Séc. XIX. (N.E.)

3

PERGUNTA: Qual é a melhor maneira de se livrar do ciúme[3]?
KRISHNAJI: Estar mais absorto no trabalho do que na personalidade.

Se você estiver realmente interessado no trabalho, não importa com quem você tem que conviver. E algo que todos nós temos de desenvolver é aquela gentileza que vem espontaneamente, como quando gostamos muito de alguém. Vocês sabem como alguns têm a gentileza como sua natureza secundária, aquela natureza realmente gentil, que não age de modo calculista. Vocês irão descobrir que C.W.L. ajuda aqueles que possuem a qualidade da gentileza. Se você for gentil, mesmo tendo atitudes grosseiras e desconhecidas eventualmente, jamais se desviará da Senda. Nós estamos todos preocupados demais com nossa própria felicidade. Nós podemos perceber isso em nós mesmos quando conversamos e quando andamos com os outros. Não há em nós aquela gentileza extraordinária que todos nós teríamos se estivéssemos na presença do Mestre. Se o Mestre está por perto, a gente se prontifica para fazer qualquer coisa. Olhem para Amma. Quando as pessoas estão com ela, esquecem-se de si mesmas e fazem tudo com energia e entusiasmo. Elas deixam de lado seus prazeres e não ligam para os problemas. Mas se estivessem sozinhas, elas pensariam duas vezes. Nós precisamos ser gentis com qualquer pessoa que esteja perto de nós.

---

[3] *Jealousy* no original em inglês. O termo em inglês corresponde em português tanto a ciúme quanto à inveja. (N.T)

Nós estávamos conversando ontem e pelas últimas duas semanas sobre perceber a presença do Mestre. Mas estamos começando da forma errada. Nós estamos todos esperando ansiosos por esta percepção, porém estamos completamente despreparados para ela. Não pensem que se forem à Austrália vocês poderão ter mais chances de encontrar o Mestre – de fato, terão menos chances – rodeados de problemas pequenos e ciúmes e assim por diante. Alguns de vocês podem ter a sorte de encontrá-Lo lá, mas não se deixem levar pela ideia de que se não puderem chegar perto Dele aqui, vocês irão chegar perto Dele lá. Meramente estar com C.W.L. não vai inspirá-los, se não tiverem adquirido a atitude correta antes de ir; pelo contrário, vocês poderão se sentir infelizes.

Nas últimas três semanas nós estivemos conversando sobre altruísmo e outras coisas, porém não progredimos mais, evidentemente, do que antes. Nós ainda somos o centro do nosso círculo. Não há em nós o desejo ansioso de servir ou a devoção de um verdadeiro devoto. Há muito individualismo na devoção das pessoas. Somos perturbados por pensamentos do tipo: o que é o melhor, o que posso dar ao Mestre? Poderemos não ser capazes de escrever ou dar palestras, ou liderar outros. Mas o que podemos fazer é dar a nós mesmos, dar nosso amor, nossa devoção, todo nosso ser. Isso é muito mais importante do que fazer palestras ou qualquer coisa do tipo. Dê a si mesmo, e você dará algo que ninguém no mundo pode dar por você.

Nós levamos muito tempo para aprender até a gentileza mais básica que ensinamos para as criancinhas na escola. Não a temos em nós, e mesmo assim queremos perceber a presença do Mestre. Qual é a vantagem disso? Já estamos aqui há três semanas. Nós mudamos, sem dúvida, porque, afinal de contas, estamos o tempo todo revendo esse

Rumo ao Discipulado

assunto; porém, parece que não houve nenhuma retratação ou mudança de atitude em nós como precisava haver. Nós devemos tirar o casaco e saltar pela janela, falando figurativamente. Nós ainda estamos hesitando, pedindo alguma coisa, só Deus sabe o quê.

Nós mal conseguimos nos dar conta da oportunidade que temos, especialmente enquanto jovens. Não estamos usando ao máximo as nossas oportunidades e estamos perdendo a cada dia. Vocês pensam que vão mudar quando perceberem o Mestre, mas não vão perceber o Mestre até que mudem. Daqui a cinco anos, aproximadamente, irão olhar para trás, para esse tempo, e sentir: "Meu Deus, por que é que eu não mudei naquele tempo?" Vocês não fazem ideia do que estão perdendo aqui. Nós falamos e falamos todo dia. É verdade que mudamos. Mas a mudança deve ser bem mais palpável, bem mais radical. Em vez disso, nós continuamos do mesmo jeito, dia após dia. É obvio para qualquer pessoa que olhe para nós de fora, que a mudança em nós é tão lenta que vai levar anos até que nos leve a qualquer lugar. Nós damos um passo à frente, e outro atrás. Nós não temos aquela determinação constante para seguir sempre em frente. Não adianta esperar que o Mestre desça até o nosso nível e nos diga onde precisamos mudar. Todos sabemos em que somos fracos e onde precisamos mudar. Não precisamos que ninguém de fora nos diga isso. Nossa presunção é muito grande e nossa vaidade é colossal. Nós esperamos que as uvas caiam na nossa boca. Por que cairiam? Quando forem para a Austrália, não haverá esse constante interesse pessoal por vocês como há aqui, e vocês vão se retirar gradualmente para dentro do antigo "eu" e ficar submersos nele.

Essa busca pela Senda, ou é real, de modo que não haja nada mais no mundo exceto ela, ou é irreal. Estamos todos esperando por inspiração. Como se consegue inspiração? A pessoa tem de se esforçar e lutar para estar no foco o tempo inteiro. Esse é o jeito de se conseguir inspiração. Não vale a pena a espera pela espera. Poderíamos esperar até o Dia do Juízo. Todos nós temos algo a oferecer; mas, em vez disso, estamos olhando para as nuvens a fim de obter delas alguma coisa. Estamos desperdiçando, miseravelmente, um dia após o outro. Ninguém nos pede coisas colossais. O que se requer é controle, altruísmo, gentileza e qualidades similares. Três semanas foram necessárias para a gente ter uma leve ideia disso, e se dar conta de que tudo depende de nós mesmos. Este é o ponto aonde chegamos. Pode levar uma vida inteira para alguém perceber essas coisas simples, se a pessoa não tomar cuidado. Irão sofrer e se sentir feridos. Bem, de qualquer maneira vocês vão acabar se ferindo! Essa é a única maneira de acordar. Vocês não conseguem perceber que tudo o que temos feito é muito trivial, e que nos levou um tempo absurdamente longo para realizarmos coisas simples, decências e gentilezas comuns da vida? Qual é a vantagem de vocês irem para Adyar ou para a Austrália?

Se até o fim deste mês vocês não tiverem uma visão de mundo completamente diferente, terão perdido uma imensa oportunidade. Não pensem que estou dizendo isso porque estou aqui, ou qualquer coisa do tipo. Todos nós somos jovens. No ano que vem todos vocês vão ser empurrados para algumas coisas e não haverá ninguém que mostre um interesse pessoal por vocês. Nós temos de *acordar agora*. Tudo depende de nosso constante autoexame. Se não acordarmos a tempo, é melhor encerrar nossa atividade, e ir para outro lugar.

Todos nós somos muito ambiciosos. Queremos tanto ver os Mestres. Mas o que temos feito para merecer que Eles se mostrem para nós? Olhem para Amma e C.W.L. Olhem o que eles já sofreram, e o que passaram na vida; e foram apenas eles que compreenderam os Mestres.

Rumo ao Discipulado

Você não vai ver o Mestre, se tudo o que você consegue ver é você mesmo o dia todo. Vocês têm a capacidade de mudar se resolverem fazer isso, mas vocês não resolveram mudar. Vocês estão meramente nadando numa autoilusão superficial. Se vocês tivessem realmente resolvido mudar, será que teriam levado três semanas para chegar onde estão agora? Ou seriam três dias, ou até mesmo dois.

É dentro de nós que se encontra a energia para mudar. Nenhuma porção de energia do exterior serve. Ou melhor, pode servir, mas o que eu quero dizer é: não esperem por isso. Chegou a hora de vocês resolverem fazer uma coisa ou outra.

4

KRISHNAJI: Eu tenho me perguntado se não seria culpa nossa que não tenha havido respostas reais em nós – a espécie de resposta que absolutamente nos força a nos decidirmos a seguir em frente. Nós estamos apenas marcando tempo. Nós temos sentido uma certa medida de resposta, não há dúvidas, mas não do tipo que nos impele a uma determinação.

J.N.: Mas valeria muito uma decisão que fosse tomada em apenas três semanas?

KRISHNAJI: Eu pessoalmente não sinto que vale a pena levar um ano inteiro para tomarmos uma decisão neste caso, porque é muito simples.

J.N.: Não é uma questão de decisão. É mais uma questão de crescimento. O que a pessoa precisa é ter um objetivo mais ou menos definido, uma meta, a qual possa atingir. Isso não vem de repente num *flash*, mas como o resultado de experiência e crescimento.

KRISHNAJI: Todos nós sabemos qual é nossa meta. Portanto, qual é a vantagem de perder tempo em chegar a uma meta, quando nós sabemos que chegaremos lá no fim das contas? Quando se tem uma meta, algo pelo qual se trabalhar, é preciso se esforçar até que tudo se ajuste a esta meta, que esteja tudo em conformidade com ela. Nós estamos num quarto escuro à espera de alguém que venha e abra uma janela ou acione um interruptor. Tomem C.W.L., por exemplo. Vocês acham que ele alguma vez esperou que a gente se decidisse? Ele disse: "Prestem atenção aqui, quer vocês gostem disso, ou não gostem, eu vou ajudá-los; eu tenho esse trabalhinho a fazer

Rumo ao Discipulado

por vocês". E não foi questão de decisão nossa. Ele simplesmente nos levou isso. Ele insistiu em construir uma base para nós. É a mesma coisa com vocês aqui. Vocês podem ir embora daqui e virar multimilionários, ou o que quer que queiram desde que possuam uma base. Mas eu acho que vocês estão ainda muito longe de uma base na qual possam se fixar. Eu tenho me perguntado nos últimos dois ou três dias quem vai dar a cada um de nós a inspiração que nos fará ir em frente e acender aquela luz?

Não há percepção interior suficiente em nós para o trabalho contínuo. Um dia nós estamos cheios de entusiasmo e animação, e no outro dia temos de começar tudo de novo desde o começo. Mesmo se fossemos capazes, eu ou Nitya ou outra pessoa, não poderíamos dar-lhes a chave para destrancar a porta. Vocês não têm o ímpeto suficiente para ir em frente e encontrar por si mesmos a chave da porta. Estão esperando por alguém que lhes dê algo. A ideia que vocês têm de perceber o Mestre é que ele deva dar a vocês a chave.

J.N.: Nós não devemos pedir tanto aos Mestres que nos deem inspiração. Nós temos AB e C.W.L., eles são bons o bastante para cada um de nós aqui.

KRISHNAJI: Se eles não forem capazes de nos proporcionar a inspiração, de que adianta tentar perceber os Mestres? Por que não há em cada um de nós um desejo mais forte de mudar mais depressa?

J.N: O altruísmo e o amor por todos são abstratos demais para que comecemos a partir deles. O exemplo do que AB e C.W.L. estão fazendo nos proporciona uma inspiração muito maior do que as verdades abstratas.

O Grupo em Pergine
Atrás: N. S. Rama Rao, D. Rajagopalacharya, J. Cordes, V.C. Patwardahn
No meio: Helen Knote, J. Nityananda, Sra. Emily Lutyens
Na frente: Sra. Malati Patwardahn, Beth Lutyens, Mary Lutyens,
Sra. N. Sivakamu, Ruth Roberts.

Rumo ao Discipulado

KRISHNAJI: C.W.L. apenas nos puxava como se conduzisse uma carruagem. Ele não vai conseguir fazer isso com vocês, porque vocês já são muito mais crescidos, e bem mais individualistas. Portanto, precisamos ter dentro de nós mesmos o desejo e a motivação. Por que é que vocês querem ir até A.B. ou C.W.L. quando aqui vocês têm alguma coisa, quando todas as manhãs vocês podem meditar aqui, quando todas as manhãs aqui vocês pensam no Buda? Por que vocês não conseguem bastante desejo e impulso aqui? C.W.L. e Amma poderiam reprovar vocês, todos vocês, sabem disso.

Aqueles que são egoístas não têm normalmente desejo suficiente de se tornar alguém altruísta; e o mesmo se dá com outros defeitos. Imaginem só se fossemos até C.W.L. como estamos, o que ele encontraria em nós? "Ele não pensaria: Pelos deuses, aqui temos alguém a quem vale a pena ajudar".

J.N: Nós não estamos aqui tão somente para descobrir quais qualificações queremos adquirir, mas também para conseguir o desejo de mudar. A principal coisa que nos falta é o autodomínio, e uma espécie de fogo que queima continuamente.

KRISHNAJI: Cada um de nós, a cada dia que passa está se tornando mais forte. Mas a mudança não é suficientemente rápida; não é fundamentada, não é suficientemente profunda.

J.N.: É uma questão de crescimento. O que uma pessoa pode fazer é acelerar o crescimento, mas o crescimento em si mesmo não pode ser repentino. A forma de acelerar o crescimento é criar um forte desejo de fazê-lo.

KRISHNAJI: Eu pessoalmente acho que vou conseguir "chegar lá". Eu estou resolvido a fazer isso, e não importa se há amigos ou outros que possam me ajudar ou me atrapalhar. É assim que eu encaro a coisa. É esta determinação que é necessária. Nós estamos brincando demais.

No sopé do Castelo onde, pelas manhãs, Krishnaji dava suas palestras.

Rumo ao Discipulado 33

N.S.R.: A gente pega leve demais com a gente mesmo, e muito pesado com os outros. (Consenso geral)

KRISHNAJI: Quando vocês forem para Adyar, não verão muito Amma. Ela não vai ter por vocês o interesse pessoal que C.W.L. terá. Ela não tem tempo, e vocês terão um longo tempo de espera antes de ir para a Austrália. Vocês vão ao encontro de C.W.L., digamos, dentro de cinco meses. Se houver um terreno suficientemente preparado, C.W.L. pensará que vale a pena ajudar vocês.

Todo dia temos lido *O Evangelho do Buda* sobre libertar-se do eu, sobre o controle da mente e dos sentidos, e assim por diante, e mesmo assim como é pouco o controle que obtivemos.

J.N.: Por exemplo, em nossas disputas!

KRISHNAJI: Leva-se três semanas para deixar de morder os lábios e franzir a testa, ou qualquer coisa igual. Nós somos como crianças. C.W.L. nos fez mudar ao ponto de tudo se tornar uma segunda natureza para a gente; quando ficamos mais velhos nós nos encaixamos nos nossos lugares. Vocês, por outro lado, cresceram além do ponto de serem conduzidos, e chegaram ao ponto em que precisam vocês mesmos construir suas próprias carruagens e puxá-las. Não se pode tratar adultos como se fossem crianças, como C.W.L. nos tratava.

N.S.R: Em Benares, nos primeiros anos, o Sr. Arundale se interessou por todos nós, jovens e velhos, e até homens de cinquenta anos foram inspirados por ele, e não resmungavam.

KRISHNAJI: Estamos demorando demais para fazer coisas que eram para ser feitas em um dia. Não há nenhum C.W.L. por aqui, e ninguém para nos tratar daquele jeito. Então temos de fazer isso nós mesmos.

D.R.: No caso da maioria de nós, a gente cresceu sozinho, inconscientemente, sendo jovens. No caso dos mais velhos, eles têm de crescer conscientemente.

J.N: E no caso deles, nós ouvíamos a maquinaria rangendo.

5

PERGUNTA: O que constitui a verdadeira grandeza?

KRISHNAJI: A verdadeira grandeza das pessoas reside em sua solidariedade, em suas atitudes. Suas mentes (*i.e*, as mentes de grandes pessoas como A.B. e C.W.L.) são elásticas, capazes de perceber o ponto de vista de outros homens, e apesar de serem bastante fortes em suas próprias convicções, elas estão dispostas a ouvir a todos (*i.e.*, escutar o ponto de vista dos outros). E ela também reside em sua devoção àquilo em que acreditam.

Eu acho que vocês sabem que tais qualidades podem não ser consideradas muito importantes. O que tem importância é a atitude mental por trás das qualidades. Nós temos a atitude correta apenas quando temos todos os princípios rudimentares daquelas qualidades sob um bom controle. Eu acho que a maioria de nós aqui está lentamente conseguindo cultivar essa atitude, e a aceleração dela somente é possível se nós tivermos todas as qualidades necessárias para a Provação bem construídas por trás de nós. Só poderemos conseguir essa atitude através de uma luta impessoal.

Nós teremos mais treze dias aqui, e eu sugiro que vocês escolham algumas coisas que precisam mudar radicalmente em vocês, por um dia ou dois cada uma, tenha uma pequena luta com elas, para ver até onde vocês poderiam dominá-las. Revisem estas coisas como se fossem uma matéria para um prova.

Não vamos fazer das qualidades uma meta em si. A meta deve ser a atitude mental. Isso só se pode conseguir através de um altruísmo puro e absoluto, por se tornar verdadeiros devotos do Mestre.

Rumo ao Discipulado

Nós não temos aquela devoção verdadeira que nos faz pôr tudo de lado a fim de servir ao Mestre. Nós não estamos mesmo dispostos a mudar, mas somente a fim de experimentar tudo como uma tentativa. Vocês vão obter a verdadeira atitude por meio de viagens, vendo pessoas e estando com elas. Mas para isso precisarão preparar o terreno até certo ponto. Tem de haver uma luta. A nossa luta não tem sido aquela de um devoto. Não tem havido o conhecimento (mesmo que seja imaginário) de que o Mestre quer alguma coisa de nós, que somos responsivos a Ele, e que existimos para exemplificá-Lo. Se vocês tiverem estas três coisas de modo predominante em suas mentes, vocês não serão egoístas, invejosos ou ciumentos, ou pequenos, porque o Mestre será dominante nas consciências de vocês em vez das pequenas personalidades de cada um. Existem três coisas que fazem de alguém um verdadeiro devoto: (1) o cultivo da atitude que o Mestre requer de nós continuamente, (2) ser responsivo a Ele, e (3) existir para exemplificá-Lo.

O que realmente importa mais do que qualquer outra coisa é ser tão inconsciente de si mesmo e de todo o seu ser que o Mestre se torne cada vez mais presente, cada vez mais uma pessoa real Que nos guia, em vez de nós guiarmos a nós mesmos. É isso o que constitui a espiritualidade. Você estar disposto a esquecer de tudo, e o seu poder motivador ser o seu Mestre.

Como eu já disse, tentem escolher alguma coisa, alguma qualidade, e experimentem ver até onde a coisa toda é real para vocês. Vocês então vão entender melhor a si mesmos, e serão bem mais eficientes quando forem à Índia ou à Austrália. No momento nós só estamos querendo prosseguir se compelidos por outra pessoa.

6

KRISHNAJI: Disseram-me que eu estou falando de modo muito desencorajador. Eu sinto muito, porque não foi a minha intenção nem desencorajar, nem encorajar ninguém. Eu apenas queria que vocês abrissem seus olhos para algo maravilhoso, algo glorioso, que ninguém no mundo poderá tirar de vocês, nem por encorajamento, nem desencorajamento. Eu estava apenas tentando abrir os olhos de vocês e fazer de tudo isso uma coisa real. Se falei de modo pessimista, foi porque senti que vocês não estavam fazendo esforços suficientes. Sinto muito se os desencorajei, mas como disse, minha intenção era boa. Claro que falar de modo desencorajador não é bom. É fútil. Se vocês não se abriram tão rapidamente quanto eu esperava, a decepção é minha, não de vocês. Eu também não tinha qualquer sentimento de que vocês não estavam se esforçado o suficiente de propósito; eu somente pensei que não estivessem fazendo o tremendo esforço que eu esperava que fizessem. Eu concordo que fui pessimista em minhas palestras por alguns dias; eu não tinha direito nenhum de fazer isso; mas agora acabou.

O que eu queria dizer é que se apenas vocês abrissem os seus olhos, há uma visão de algo tão maravilhoso que nada pode tirá-lo de vocês. Tomem uma linda montanha, por exemplo. Se alguém aparecesse e tentasse tirar de vocês o encanto e a beleza dela, vocês depressa o poriam para correr; e semelhantemente, vocês não dariam a mínima para quem quisesse os desencorajar, uma vez que os seus olhos estivessem abertos para esse algo maravilhoso do qual eu falo.

Existe alguma coisa em cada um de nós, alguma coisa tremendamente grandiosa; do contrário nós nem mesmo estaríamos aqui. Mas vocês precisam ver algo que é ainda *mais* maravilhoso, se quiserem prosseguir. É muito difícil de descrever. Pessoalmente, eu posso dizer apenas que eu sinto que um dia chegarei lá. Não porque eu tenha visto, ou qualquer coisa desse tipo, mas subconscientemente ou conscientemente, eu sinto que isso é a única coisa que vale a pena ser feita, e que eu vou chegar lá, apesar de tudo, ou melhor, com a ajuda de tudo. É como ir ao topo daquela montanha. Você sabe que tem que chegar até lá, embora chova ou fique tudo coberto de névoa, ou qualquer outra coisa aconteça. Eu não quero assumir uma atitude superior, mas não vejo por que descrever a mesma coisa vez após vez. Fica muito banal. Considerem o retrato do Senhor Buda, aquele grande. Quando eu o vejo, digo a mim mesmo: "vou ser desse jeito". Não adianta descrever o que é, pois vocês estão vendo o retrato tanto quanto eu.

A coisa que realmente importa é que vocês devem atingir a meta, chegar ao topo da montanha. Não interessa quem lhes dê a inspiração, ou o que os empurra para frente, contanto que vocês cheguem até lá. Isso é tudo o que eu quero. Cada um de nós sabe que se nós apenas pusermos vontade suficiente e fizermos um esforço suficiente, nós vamos conseguir; nenhum desencorajamento da minha parte ou nada do que eu diga irá impedi-los de chegar lá. Eu não quero desencorajar ninguém. Isso não é o meu trabalho. Considerem Shackleton e os outros. Todos diziam: "Coitados deles!" E mesmo assim eles bem que chegaram lá.

J.N.: Tirando todas essas desculpas pelo pessimismo, você (Krishnaji) diz que a coisa a tentar e obter é o altruísmo. A maioria das pessoas não obtém altruísmo se debruçando sobre ele. Parece-me uma maneira melhor e bem mais natural descobrir o que é que você sente mais pelo mundo em seus momentos felizes, e fazer daquilo a coisa que preenche a sua vida. Todos aqui não precisam lembrar do Mestre. Mas, se eles pensassem, a cada manhã quando se levantam no que aquele dia vai significar para eles, e então se tentassem atravessar o dia de acordo com essa ideia, eles estariam em um caminho razoável para conseguir aquela atitude que é a coisa mais importante para eles. Afinal, para cada um de nós, cada dia deve ter um significado. Se não por que nos levantaríamos então? Nós devemos resolver o que cada dia vai significar para nós como representantes do Mestre, e fazer disso um hábito.

Isso me parece melhor do que se debruçar sobre qualidades abstratas, ou se entregar à castidade. "Um lampejo sentimental de altruísmo", como disse o Mestre em uma das Suas cartas, não é bom, a menos que façamos daquele lampejo, embora sentimental, um hábito para nós. Essa coisa grandiosa virá quando vier. Por que se automortificar? Por que não preencher a nós mesmos com aquelas realidades que são algo grandioso para nós, e fazer delas o alicerce de nossas vidas? Quando vocês forem embora, vai ter sempre tanta coisa para ocupar suas vidas, e a menos que tenham aquela base para mantê-los continuamente com suas faces voltadas para a meta, vocês podem perder a meta de vista por algum tempo.

KRISHNAJI: Eu nunca quis dizer que vocês devessem se mortificar ou se castrar. Isso seria um absurdo. O que tenho dito é: tornem a realidade tão grande que vocês nunca recaiam em nada mais, e não queiram nada a não ser ela. O que eu realmente digo é que vocês devem ter os elementos de todas aquelas qualidades que tornam a realidade mais permanente.

Rumo ao Discipulado

J.N: Todos percebem quão pequenos podemos ser, mas nenhum de nós sabe a que alturas nós seriamos capazes de chegar. Os únicos momentos em que nos damos conta disso é quando estamos perto de AB ou de C.W.L.. Como foi dito esta manhã por alguém, cada um de nós tem uma chance de ser um discípulo do Mestre, de entrar na Senda e de permanecer nela. Ninguém se dá conta de como isso é grandioso. Ser humilde demais é tão ruim quanto ser orgulhoso.

O que cada um de nós deveria se perguntar não é: "Que qualidades me faltam?", mas: " Eu quero mesmo trabalhar"? As qualidades a pessoa adquire durante a Senda. A pessoa não pode ficar fazendo a primeira pergunta o tempo todo.

7

N.S.R.: Para se tornar um discípulo do Mestre, é necessário ter no plano físico um representante do Mestre? Alguns podem sentir de modo diferente, mas para mim, como hindu, tal representante é necessário. Pois, para mim, parece que nós estamos tateando em busca do Mestre sem entender como é difícil se aproximar Dele. Excetuando grandes pessoas como AB e C.W.L., para moleques como nós um representante é necessário.

J.N.: Para mim, esta parece ser a maneira mais rápida de se tornar um discípulo do Mestre, visto que um representante no plano físico ajuda a concentrar e focalizar a energia vinda do Mestre.

M.L.K. relatou um sonho que ela teve depois que retornou de Adyar, em 1914, no qual ela estava caminhando ao lado de Krishnaji, e se sentiu como se ela estivesse nadando em um oceano de amor que dele irradiava, o qual ao mesmo tempo parecia ser indistinguível de seu Mestre K.H.

KRISHNAJI: Está bem claro que nossa meta, a meta de cada um de nós, é tornar-se discípulo do Mestre; e o modo mais fácil e mais natural é primeiro nos desapegarmos do nosso eu, para que ele não apareça em um determinado ponto do caminho e nos confronte, e nos impeça de sermos unos com o Mestre. Nós precisamos não somente ser altruístas, mas também estar completamente apartados de nossas próprias personalidades, a fim de nos colocarmos à disposição do Mestre. Nós podemos perceber o porquê do Senhor Buda insistir tanto nesse assunto, em cada capitulo[4]. É o eu que faz com

---

[4] Em *O Evangelho do Buda*, Paul Carus.

Rumo ao Discipulado

que sejamos preguiçosos e medrosos. Nós devemos honestamente ser capazes de dizer se há – ou não há – mais um eu em nós. Desde que eu comecei a ler *O Evangelho do Buda* eu tenho observado a mim mesmo para ver se o eu aparece, e o tenho enfrentado frequentemente.

D.R: Você poderia nos dizer como podemos nos livrar do eu em nossa vida cotidiana?

KRISHNAJI: Observando a si mesmo cuidadosamente. Aparte-se mentalmente da sua personalidade e do seu corpo, e olhe para si mesmo de fora, olhe para os seus sentimentos e emoções, como por exemplo, o ciúme, etc. O essencial é ser capaz de olhar para si mesmo de um ponto de vista distanciado. Isso não é ser indiferente, pois a indiferença significa não se importar em absoluto, ser indolente na realidade.

Sempre existem dois lados: há a própria pessoa e há o Mestre. O Mestre deve crescer mais do que você mesmo, para que o eu seja absorvido pelo Mestre. Suponhamos que eu queira ser como o Mestre; não deveria haver nenhum pequeno Krishna aparecendo de repente. Na minha mente, isto está perfeitamente claro, embora seja incrivelmente difícil de explicar. Se uma pessoa for capaz de desidentificar-se de si mesma, então se modificam todas as suas atitudes e pontos de vista. Gradualmente a pessoa se livra de diversas características, exceto daquelas que o Mestre quer.

Suponhamos, por exemplo, que eu seja ciumento[5]. Eu sou ciumento, digamos, porque alguém aparentemente gosta de uma pessoa mais do que gosta de mim. Mas você e eu somos um só; portanto não faz diferença se aquela pessoa gosta de você ou gosta de mim. Afinal, você e eu somos raios da mesma roda. Mas o eu gosta de ir em frente e se divertir sozinho.

---

[5] Ou invejoso. (N.T.)

Na busca da espiritualidade, a coisa mais essencial é a mente resoluta. Mas o nosso individualismo é tão forte, e nós estamos tão mergulhados nele, que leva um tempo tremendamente longo para a pessoa se resolver. Nós podemos entender a razão disso porque, afinal, livrar-se da separatividade é uma qualificação adquirida em um estágio consideravelmente avançado.

D.R.: A separatividade, a superstição e a dúvida devem ser descartadas entre a Primeira e a Segunda Iniciação.

J.N: Neste sentido, todos têm um desejo de ser o melhor que se possa imaginar, e é claro, o Mestre é o melhor exemplo. Tal desejo está em todos.

KRISHNAJI: Mas existe um certo grau de orgulho pessoal e ambição que se coloca no caminho. Existe ainda outra coisa: egocentrismo. Nós estamos sempre olhando as coisas do nosso próprio ponto de vista. Se nós tivéssemos tal desejo, como devemos ter, que o Mestre esteja constantemente em nossas mentes, no centro de nossa consciência, nós não devíamos ter qualquer outro desejo a não ser o de sermos iguais a Ele. Para resumir, nós não nos decidimos realmente por sermos devotos do Mestre; nós nos resolvemos em um sentido limitado, não no pleno sentido. Desidentificar-se do eu é como ter um espelho cristalino, que é útil, não apenas para a própria felicidade, mas a fim de que todos possam olhar para ele. Quanto menos do eu houver, mas límpido será o espelho e melhor vocês poderão ajudar outras pessoas.

J.N.: Nós nos reconhecemos bem mais quando fazemos algo errado, e ficamos realmente tristes, mas dificilmente nos reconhecemos quando estamos fazendo alguma coisa certa e estamos realmente felizes. Enquanto é verdade que um discernimento claro dentro de nós é necessário a fim de evitarmos que nos tornemos endurecidos dentro dos nossos próprios erros, uma confissão, uma espécie de autodelação, sempre que a pessoa fizer algo de errado, é uma ótima coisa para a alma. O reconhecimento perante si mesmo seria uma grande ajuda.

8

KRISHNAJI: Eu acredito que cada um de nós sabe que estamos mudando lentamente, mudando em vários níveis, dependendo dos nossos esforços; e o que é realmente gratificante é que estamos avançando juntos. Todos nós temos o espírito de unidade. Se eu avançar, ou se B. avançar, nós sentimos, ou deveríamos sentir, que todos fizemos alguma coisa, que todos conseguimos sucesso. Todos nós devemos ser discípulos. E mais do que isso, devemos nos empenhar para estar entre os discípulos prediletos do Mestre; não apenas indivíduos fazendo um progresso individual ou avançando separadamente, mas de forma unida. No Congresso da Estrela, eu senti que todos nós éramos um só; e especialmente em um número reduzido como nós aqui, com o mesmo objetivo, nós devemos ter aquele sentimento de uma tremenda unidade e de uma tremenda paixão uns pelos outros. Se todos imaginássemos que éramos São João, e tentássemos viver como se fossemos o discípulo favorito do Mestre, esquecendo inteiramente de nós mesmos, nós rapidamente nos veríamos livres do eu que atravessa os nossos caminhos e nos atrasa. Nós não temos o verdadeiro espírito de unidade, apesar de andarmos lado a lado e tudo o mais. Nós o temos até certo ponto, mas ainda não nos é vital.

Ontem eu estava pensando, que nós todos seremos discípulos do Grande Instrutor – não importa quantos anos isso leve. Quando o Instrutor estiver aqui, nós devemos ser discípulos melhores, e haverá pessoas em estágios diferentes de evolução. Se tivermos o grande desejo de um devoto genuíno, bem como o senso de unidade, nós seremos grandes discípulos, como foram Seus prediletos, embora a palavra "predileto" possa soar egoísta. Então seremos de um valor tremendo para Ele.

Quando vocês forem para Adyar, perceberão que lá existem pessoas, cada qual trabalhando separadamente, e que o esforço de uma não é encorajado por todos. Elas não estão fazendo esforços como um único corpo. Um segue em frente e o outro fica para trás.

Nós precisamos ter o senso de unidade sempre sutilmente desperto em nós. Quando alguém está ferido, nós devemos todos nos sentir feridos, e quando alguém está feliz, todos nós devemos nos sentir intensamente felizes. Se pudéssemos nos esquecer de nós mesmos dessa maneira, certamente nos desidentificaríamos rapidamente do eu.

Outra coisa em que eu estive pensando esta manhã foi que enquanto somos jovens, como a maioria de nós aqui, nós temos de prestar bem mais atenção aos nossos corpos, a fim de que nos anos posteriores possamos ser capazes de fazer uso deles de modo bem mais vantajoso. Nós podemos facilmente fazer nossos corpos ficarem do jeito que queremos que sejam. Como somos responsáveis perante o Mestre, portanto nós somos igualmente responsáveis por deixar nossos corpos em boas condições. Qualquer pequeno corte ou qualquer coisa que nos aconteça devido a nosso descuido não deveria acontecer, porque somos responsáveis pelos nossos corpos. É como ter um cachorro ou um cavalo, e nossa responsabilidade em relação a eles é garantir que sejam tratados corretamente. Da mesma maneira, o corpo é algo pelo qual nós somos responsáveis; e mesmo assim, ele está totalmente à parte de nós, isto é, no sentido do nosso ser espiritual, que é o dono do corpo.

É por isso que C.W.L. é tão exigente com relação ao corpo. Ele insiste na limpeza absoluta. Quando estávamos com ele, nós tínhamos de fazer tudo pontualmente. Ele estava atrás de nós o tempo todo, nos lembrando de que o corpo não tinha nada a ver conosco. Nós tínhamos de nos tornar senhores do corpo, em vez de sermos dominados por ele.

Eu não acho que nós pessoalmente nos damos conta de que o corpo é uma coisa diferente do nosso ser real, e suas vontades e desejos não são os nossos, e que ele exige um tratamento diferente, como se ele fosse uma coisa objetiva em vez de uma coisa subjetiva, que ele é um elemental que necessita dos nossos cuidados. Nós deveríamos tratá-lo como se ele fosse nosso bebê; e nós devemos nos lembrar o tempo todo que ele quer todo tipo de coisa diferente em horas diferentes, e algumas delas prejudiciais para o ser real. Nós sofremos com a indolência, a preocupação, a depressão e tantas outras coisas que aparecem, porque o corpo não está sob o nosso controle. Um dia desses M. pisou em um prego, e eu senti que se ela tivesse realmente autocontrole tal incidente não teria acontecido.

Quando vocês conseguirem controle, terão uma resposta espontânea a qualquer perigo. Eu não teria conseguido este arranhão ontem se eu tivesse tomado cuidado. Vejam o modo como uma mãe cuida de um bebê. Da mesma maneira vocês devem tratar do corpo, para que o elemental seja bem mais eficiente do que é agora. A pessoa passa a perceber isso cada vez mais, à medida que ela fica mais inteligente. Se você tratar o corpo com bastante cuidado e bem objetivamente, percebendo como ele responde a você, suas vontades, etc., terá uma ideia daquilo que ele quer, do que é apropriado para ele, e assim por diante. É como se fosse um motor ou um cavalo; você sabe exatamente a quantidade de esforço que ele é capaz. Essa, então, deveria ser a nossa meta, fazer do corpo um instrumento, para que

Rumo ao Discipulado

nós possamos fazer com que ele vá exatamente para onde nós queremos, e para que ele esteja feliz onde quer que esteja.

J.N.: Se você começar a se identificar com os desejos do elemental, o seu eu real não terá chances de se fazer presente. É pertinente lembrar que o elemental tem o que se chama de instintos os quais nós traduzimos por nossos desejos. Quando nós estamos cansados, ou quando alguma coisa nos deixa irritados ou aborrecidos, nós realmente deixamos o elemental cansado (ou irritado) assumir o controle. E da mesma maneira, quando sentimos o desejo de comer, beber, brincar, ou de fazer qualquer coisa, nós devemos ver até que ponto é o elemental[6] quem quer ele mesmo fazer essas coisas. Nós precisamos diferenciar os nossos desejos dos instintos do elemental. É tão fácil ser duro com o corpo quanto é ser bondoso e cuidadoso.

KRISHNAJI: Quando algum Grande Ser está presente, digamos um Mestre, o que a pessoa faz é ajustar o elemental do corpo[7] a uma frequência vibracional mais elevada. Nós todos estamos tentando nos tornar discípulos do Mestre, e isso significa que nós, ou seja, nós mesmos e os nossos corpos, estamos tentando nos tornar amigos de verdade. Assim, se deixarmos o corpo levar a melhor sobre nós, isso vai ser um empecilho para nós.

J.N: Estados de espírito extremos significam falta de controle. Novamente, ninguém está tão completamente cansado que não possa fazer qualquer coisa que realmente queira fazer, e que esteja ansioso por fazer. É a frouxidão no controle da mente que nos cria o problema real. Nós nunca mantemos rédeas realmente curtas no mental.

---

[6] Cf. Krishnamurti define em *Aos Pés do Mestre*, Ed. Teosófica: os corpos físico, emocional e mental têm elementais com vontade própria. Vide § 06 e § 09. Op. cit. p. 21-26. (N.E.)
[7] Vide Prefácio (N.E.)

9

KRISHNAJI: Esta manhã eu estava pensando no que o Senhor Buda disse a Ananda, precisamente, que cada um dos seus discípulos deveria ser uma luz para si mesmo, e depender de si mesmo apenas e não procurar a orientação de ninguém mais. E ele terminou por dizer que eles deveriam estar *prontos para aprender*.

Este é o momento para sondarmos o fundo do nosso ser, *i.e.*, conhecer a nós mesmos e descobrir de que lado estamos e até onde estamos dispostos a ir. Este é o momento de "preparar o campo para o plantio". Se vocês tiverem feito o cultivo, então quando forem para a Austrália ou para Adyar, não apenas estarão ansiosos para aprender, mas também serão capazes de aprender bem. Este é o momento de conseguir a atitude correta, a atitude de ser capaz de dizer humildemente que vocês irão a qualquer distância e farão tudo o que o Mestre quiser que vocês façam.

Quando vocês forem para a Austrália, poderão entrar na atmosfera de C.W.L. que será capaz de ajudá-los a seguir em frente – se estiverem prontos. Também, depois da experiência aqui, vocês serão capazes de aproveitar qualquer oportunidade que aparecer, e serão capazes de encarar as coisas objetivamente. Aqui em Pergine, nós escalamos até um ponto de onde é possível obter uma visão geral de tudo. Quando tiver passado mais algum tempo, nós poderemos subir um pouco mais, e obteremos uma visão ainda melhor. Este é o período para transformar coisas pequenas em coisas grandes. Tudo

Rumo ao Discipulado

que eu quero é que nos tornemos capazes de ser nossas próprias luzes, que reconheçamos o poder de iluminação de nossa própria luz, e até onde nós podemos iluminar sem que nossa própria luz se apague. Na Austrália, então, nós seremos capazes de começar em condições maiores de trabalho mental, depois de superar coisas insignificantes agora enraizadas na pequenez de nossas mentes. Afinal, é a mente cujo poder nos habilita a focalizar nossa atenção em coisas nas quais nós queremos prestar atenção, não nos permitindo relaxar para fazer uma coisa pequena quando há algum trabalho grande a ser feito.

Se a sua mente estiver o tempo todo no momento presente e possuir o ímpeto correto por trás dela, todas as inúmeras coisas insignificantes que fazemos, grosserias, etc., desaparecerão rapidamente. Todos nós somos inteligentes, mas usamos a nossa inteligência para ler, criticar, etc. Ela não atua instantaneamente quando há algo errado. Se, em vez disso, você tem aquela mente que critica a si mesmo, e que está alerta o tempo todo para o colocar de prontidão quando você começa a sentir-se negligente, e você estiver disposto a fazer coisas grandes apesar de sua pouca evolução, então você será capaz de ver, quando for para a Austrália, o que significa ter uma mente preparada para se redirecionar em direção à espiritualidade.

Como dissemos desde o início, nós já passamos do estágio no qual outras pessoas poderiam nos moldar; e agora a moldagem e a reforma da mente e da inteligência precisam vir de nós mesmos, precisam nos dar uma inspiração tamanha ao ponto de que nós estejamos dispostos a mudar, que estejamos dispostos a "cultivar o campo" cada vez mais. Nós precisamos ter uma espécie de campo em que qualquer coisa de que gostemos possa crescer – rosas, por exemplo. Se tivéssemos aquela espécie de mente capaz de controlar as emoções, uma mente realmente perfeita, purificada, nós seriamos Budas já amanhã.

Nós nos traímos em coisas bem pequenas – é nisso que C.W.L. vai prestar detida atenção em vocês – porque tais coisas mostram a atitude da mente mais do que a qualidade da mente. Se a atitude não é apropriada, se você se rende a coisas pequenas, por meio disso ele será capaz de julgar até onde você poderá chegar. Cada um de nós tem uma tremenda oportunidade para ser realmente maravilhoso, e cada um de nós sabe disso. Ainda assim, nós estamos duvidando, questionando, e tendo pequenas relutâncias. Eu não estou dizendo: não tenham isso; mas deixem isso em segundo plano. A coisa primordial é serem verdadeiros devotos, verdadeiros adoradores. Então vocês terão a atitude apropriada em poucos dias.

Ananda, o discípulo favorito do Senhor Buda, deve ter passado vidas de sacrifício absoluto e interminável para obter tal posição. Para ele, o Senhor Buda era tudo. Nada mais importava – amigos, relações familiares, etc. O Senhor Buda era o seu Desejo supremo e Ideal, e ele foi bem-sucedido porque não havia nada mais importante para ele exceto tornar-se o discípulo favorito do Senhor.

Nós todos temos essa oportunidade de ser a melhor pessoa do mundo segundo essa mesma linha, e, como disse o Senhor Buda, isso depende de nós. Nós precisamos ter o desejo e a determinação para seguir em frente. Nós já subimos a ladeira até a metade do caminho. Afinal, nenhum Mestre ou qualquer outra pessoa pode fazer mais do que lhes dar a inspiração para prosseguir. Mas vocês precisam ter a atitude correta, a mentalidade correta, o solo perfeito no qual Ele possa semear, não um campo cercado e coberto de mato e de lixo. Vocês ainda não dotaram uma parte de suas naturezas da humildade que deseja pertencer à outra pessoa, para ser devotos a tal ponto, para ser tão ambiciosos em sua devoção (ambiciosos no sentido correto da palavra) que vocês varram para longe tudo que se colocar em seus caminhos.

Rumo ao Discipulado 51

Vocês sabem que Sri Krishna diz que o devoto que sabe é aquele que Lhe é querido. Nós não somos gigantes intelectuais. Nós só somos capazes de alguma quantidade de trabalho intelectual. Na maioria de nós, o poder propulsor é a devoção e o entusiasmo que se obtém da devoção. Nós temos certa quantidade disso, se preferirem, uma grande quantidade; mas não é constante, e não tem propósito definido. Napoleão era egoísta, mas disse: "Eu vou conseguir chegar lá", e ele chegou lá. Cristo também disse: "Eu vou chegar lá", e Ele chegou lá. Eles conseguiram porque estavam motivados por devoção em relação àquilo em que acreditavam, e sacrificaram tudo por isso – seu conforto, seus prazeres, etc.

Todo dia deve haver uma espécie de alegria intensa de viver, porque somos servos do Senhor. Você não é responsável perante si mesmo, mas perante o Mestre. Se vocês tiverem tal atitude, logo se tornarão discípulos do Mestre. Nada mais vai ter importância se vocês tiverem a devoção correta que os impulsione para frente sem cessar. A pessoa que fala nisso, mas se detém lá atrás, vai levar quinze ou vinte anos para conseguir, e não vai conseguir com a mesma rapidez que o homem que está determinado a chegar lá apesar de tudo.

Vocês têm tudo que necessitam – saúde, todo o encorajamento e apreço dos outros e nenhum problema familiar, etc. Então tudo só depende de vocês. Vocês precisam desenvolver a atitude de devotos, e uma vez que consigam, quando forem para Adyar ou para a Austrália, saberão quanta diferença isso fará para todos vocês por toda a sua vida.

Eu estava lendo aquele número de *Jubilee* sobre Amma. É surpreendente como ela é capaz de ir sempre em frente. Mas fica fácil entender, porque ela está o tempo todo respirando ar puro e vive inebriada por ele. Ela não respira ar puro num momento, e ar poluído no outro, e fica cansada, como nós ficamos.

Eu sinto, na verdade tenho certeza, que nós estivemos frequentemente com o Mestre, todos nós, de certa maneira, e que Ele nos deu Sua benção. A impressão foi feita sobre nossos Egos, em outro plano, mas ela não desceu o suficiente para nos dar a tremenda força que conseguimos quando estamos perto de Amma ou de C.W.L. Isto é o que deveríamos tentar realizar onde quer que estejamos. Quando nos divertimos, rimos ou choramos, nós somos responsáveis perante Ele. Cada um de nós é como uma vela num lugar escuro, e nós deveríamos estar radiantes com a emoção da verdadeira vida e da felicidade. Nós não nos demos conta o suficiente do que temos, do que poderemos ser, e das grandes coisas que poderíamos fazer se voltássemos as nossas mentes para elas.

Nós temos mentes que são impuras e pervertidas. Isso é o que nos impede de avançar. Considerem os matemáticos. Eles mantêm suas mentes com absoluta clareza e não as deixam ficar desordenadas. Nós precisamos ter mentes tão puras e tão acuradas de modo que possamos ficar o dia todo em alerta, no momento presente, como cavalos de corrida que estão o tempo todo sendo exercitados.

Suponhamos que o Mestre viesse até nós para conversar conosco; eu sinto que nós apreciaríamos muito pouco a tremenda grandeza, a força e a ajuda que Ele poderia ser para cada um de nós.

Nós somos como redemoinhos de água: nada está tranquilo. Estamos pensando o tempo todo em nós mesmos, ou sobre onde poderemos chegar individualmente. Nós deveríamos estar tão vigilantes e alertas que pudéssemos sempre agir prontamente no momento da necessidade. Eu não acho que nós percebemos suficientemente o que somos capazes de fazer. Nós estamos vagando por toda parte como ovelhas perdidas, e não sabemos onde exatamente está o nosso pastor. É por isso que é tão essencial, enquanto estivermos aqui, descobrir exatamente onde estão os nossos erros, e remover as coisas pequenas que interrompem o nosso caminho, para que possamos chegar até as coisas maiores e remover as barreiras maiores quando chegarmos a Adyar ou à Austrália.

Todos nós estamos ansiosos para descobrir coisas e aprender. Mas isso não é o bastante. O que é necessário é ter alguma coisa a oferecer, e estar sempre prontos a responder. Até um selvagem pode estar pronto para aprender, isso não basta.

Nossa mente é limitada, nossas emoções são limitadas. É apenas lutando que seremos capazes de nos expandir a fim de apreciar qualquer coisa. Eu me sinto mudar todo dia, às vezes pouco, e às vezes muito. Eu daria tudo para trazer todo mundo comigo da mesma forma, para ir até onde eu possa chegar. Eu realizei alguma coisa e gostaria de compartilhá-la.

N.S.R.: Nós já obtivemos tanto de você que nos sentimos mais gratos do que poderíamos expressar, e podemos lhe dar muito pouco em troca. Você criou condições para nos ajudar a mudar, e se nós ainda não mudamos, não foi por falta de inspiração, mas, talvez, porque, de nossa parte, não tenhamos sido capazes de exercer a vontade e fazer esforços suficientes. Eu não posso dizer de mim mesmo que mudei todo dia. Eu queria que a gente tivesse um termômetro espiritual para indicar nossa mudança. Mas em um canto de nossa mente existe o desejo de mudar; e o desejo deverá se manifestar em alguns resultados tangíveis. Outros poderão responder com maior confiança.

10

KRISHNAJI: Ontem eu estava pensando no maravilhoso privilégio que é para todos nós estarmos aqui (usando a palavra privilégio no sentido correto, não no sentido comum). Nós somos como pequenos botões de rosa que precisam de um pouco de tempo, de calor e dos cuidados de um jardineiro para se abrir. É naquele estágio da evolução que nos encontramos, como numa época marcante. O botão está em processo de desabrochar e revelar sua beleza verdadeira; e o processo de desabrochar para uma pessoa pode ser ou reduzido ou aumentado, dependendo do indivíduo. Eu acho que todos nós percebemos isso – pelo menos eu percebi bem mais do que quando estive aqui pela primeira vez – como é maravilhoso o privilégio de responder ao Mestre, embora imperfeitamente, no sentido de que embora a pessoa esteja pouco preparada, sempre há lá no seu íntimo alguma coisa que vem à tona quando chega a oportunidade. E há em mim mesmo muito mais a ser desenvolvido, e eu (ou qualquer um de nós aqui) ainda respondo muito pouco apropriadamente!

Todos nós, eu também, estamos em um processo de desenvolvimento gradual. Todos estamos nos desenvolvendo porque nós temos momentos felizes, quando alguma coisa nos dá inspiração, e nós sentimos que vamos ser iguais ao Mestre. É muito fácil chegar a uma decisão quando a pessoa está, digamos, em um arrebatamento de inspiração; é uma coisa diferente quando a visão está distante, e chega o momento de depressão e provação. É lógico que "a montanha

Rumo ao Discipulado 55

está sempre lá". Mas a montanha pode desaparecer, e sua vista pode ser encoberta por algumas nuvens passageiras. O momento para nós é agora, enquanto somos jovens, para aproveitar o valor da felicidade e da inspiração, e crescer por intermédio delas. Isso é um tremendo privilégio. Geralmente as pessoas alcançam uma fonte de inspiração quando chegam aos quarenta anos. Então, para nós que somos bem jovens, e temos isso, seria um sacrilégio, uma traição, permitir que a visão se ofusque. Nós poderemos ficar cegos, ou enlouquecer ou morrer, ou pode acontecer qualquer coisa que não podemos evitar. Mas, se deixarmos morrer esta visão, será preciso duas ou três vidas para consegui-la de volta.

Não adianta ficar sentado e dizer: "deixe que a montanha venha até Maomé". Ela não virá. Nós, como indivíduos, não nos podemos colocar acima da montanha. É o indivíduo que encontrou a inspiração e segue em frente que conseguirá chegar ao topo da montanha.

Vocês e eu temos estas possibilidades imensas! Vocês se darão conta disso quando forem mais velhos, quando todos tiverem experimentado um pouco daquilo que os homens chamam de sofrimento. Não é o que eu ou qualquer outra pessoa aqui diz que interessa. É o que vocês querem fazer e como farão isso.

Eu não consigo evitar voltar o tempo todo ao mesmo ponto, quer dizer, que a decisão em nós de atingir o ideal – de escalar a montanha ou chegar mais perto do Mestre – está aqui, mas é tão frágil que não tem força para nos modificar dia após dia. Ela só nos modifica por espasmos e recomeços. Ela ainda não nos modificou tão completamente ao ponto de nos levar a dizer para nós mesmos: "Eu já superei isso, e agora me deixe começar outra coisa". Nós fazemos alguma coisa que sabemos que é errada, e continuamos a fazê-la vez após vez, dez vezes seguidas antes de abandoná-la! Estas coisas deveriam ser totalmente impossíveis. Vocês podem dizer: "não tem importância". Claro que não, a longo prazo. Embora tenha importância. É vital, porque revela a atitude.

Todos nós queremos servir ao Mestre e ser queridos por Ele. Nós queremos ser íntimos e respirar a própria atmosfera ao redor Dele. Mas não temos a atitude correta que nos permitiria apreciar o Mestre, se nós estivéssemos ao Seu lado. Eu lhes asseguro, vocês não sabem o que estão perdendo, que oportunidades vocês estão deixando escapar todo dia. Isso se aplica tanto a mim quanto a vocês. Eu não estou pregando de cima de uma sacada. Se, ao final de nossa estadia aqui, eu não tiver conseguido alguma coisa, eu, Krishna, terei perdido algo que nunca mais poderei recuperar. O mesmo se aplica a vocês.

Como podem saber se o Mestre não estaria por aqui agora? E se Ele estivesse, não faria muita diferença, a menos que vocês fossem capazes de responder à Sua presença. Vocês conhecem a regra oculta, que o Mestre nunca vem a menos que exista a possibilidade de que a Sua presença seria para ajudar. Eu sinto que Ele está frequentemente por aqui, com todos nós. A própria atmosfera está repleta de uma ansiedade (por aprender) ao ponto de chamar a Sua atenção. Mas o que é que nós já ganhamos com a Sua presença?

Não vale a pena respirar ar puro num dia e ar poluído no outro. Nós não devemos levar tanto tempo para mudar. O que estamos fazendo é perda de tempo, enquanto há tanta coisa para mudar em nós mesmos. Se não atravessarmos o lamaçal no momento certo, a enxurrada não vai diminuir para nós mais tarde. A evolução não vai deter sua marcha para nós. Apenas seremos deixados para trás. Isto não é uma ameaça, mas sim uma constatação inteligente. Imaginem

Rumo ao Discipulado

apenas que nós estivéssemos com o Senhor Buda na Índia naquela época, e que Ele nos dissesse para fazer alguma coisa a cada dia e, passados alguns dias, nós olhássemos para trás somente para perceber quanta coisa nós tínhamos feito! Nós não poderíamos ser Seus discípulos verdadeiros, Seus verdadeiros seguidores. Uma oportunidade maravilhosa que tivemos teria sido desperdiçada, embora outra, que jamais seria a mesma, nos fosse dada em uma vida posterior. Para cada um de nós aqui é a mesma coisa.

Eu não tenho mais por que continuar a falar. Vocês precisam acender a lâmpada. E ter o desejo de manter a luz brilhando o tempo todo. Eu me sinto muito ansioso, não somente por mim mesmo, mas também por todos, para que nós não percamos alguma coisa. Como eu disse ontem, este é o tempo para se livrar de tudo que for pequeno, para que, quando chegar a hora, nós estejamos prontos para aprender bem mais, com uma atitude apropriada.

Uma vez que tenham bebido da fonte pura, nenhum outro tipo de água vai satisfazê-los. Vocês muito em breve chegarão a um período quando terão muito poucas fontes das quais beber, muito poucas pessoas para lhes mostrar onde é a fonte, e vocês terão de encontrar a fonte sozinhos. É como perguntar a alguém a direção a seguir e se recusar a seguir o caminho depois que ele foi ensinado. Se não tiverem a atitude correta depois de saírem de Pergine, permanecerão onde estão, e sua atitude será impura quando estiverem com C.W.L. ou em Adyar.

Vocês precisam identificar o molde, o padrão, e ajustar-se a ele. O padrão jamais vai mudar. Todos precisam se ajustar a ele, mesmo o maior dos homens. Este é o momento de se tornar plástico e elástico a fim de se ajustar ao padrão no momento que o identificar. Nós sabemos tudo o que isso representa, o que são os Mestres, a beleza e a glória de tudo isso, e o que realmente é servir e ser verdadeiramente feliz. Quanto mais provarem disso, mais vão querê-lo, e quanto mais quiserem, maiores terão de ser tornar . O Mestre não vai esperar por nós. Existem milhares no mundo que precisam de Sua ajuda.

Cada momento, cada segundo em que não olhamos na direção certa, que não procuramos manter a perspectiva verdadeira, ou que não estamos sob a visão do Mestre, é desperdiçado. Nós somos tão cegos que não enxergamos o que estamos perdendo, nem o que estamos ganhando. É uma espécie de confusão. Será sempre uma confusão até que a mente possa separar aquilo que é lixo daquilo que é realmente importante. Isso só pode ser feito conseguindo-se a atitude da qual nós estamos falando. Não é uma questão de vocês me ajudarem ou de eu ajudá-los, mas uma questão de se ajudarem uns aos outros. Todos nós estamos trabalhando pelo ideal único de sermos discípulos do Mestre. Quanto mais de nós houver, tanto melhor para todos nós. Eu posso seguir na frente, ou você pode seguir na frente, mas isso não tem importância. O que estamos tentando fazer aqui é tornar o ideal tão perfeito, tão maravilhoso para nós mesmos, de modo que, quando sairmos daqui, possamos ser grandes inspiradores e fontes de muita ajuda para outros. Isso é tudo o que importa; não que eu "cruze para a outra margem" ou que vocês cruzem.

Nós precisamos ter a força e a coragem que nos habilite a caminhar e a remover dos nossos olhos a névoa para que enxerguemos aquilo que está lá na frente. Prestem atenção, quando forem à Austrália vocês podem não ser capazes de ver nada de muito novo afinal de contas, mas devem animar-se para aprender e se deleitar na glória de tudo. Vocês ainda não sabem exatamente como é essa glória, porque estão apenas começando a sentir um pouco dela. Vocês não estão fazendo um empenho unificado como um corpo

Rumo ao Discipulado

único que avança; um quer uma coisa, outro ali que quer outra coisa diferente.

O ego em nós é forte, e a personalidade em nós é forte. As duas partes de nós estão querendo coisas diferentes. Nós não nos damos conta de que chegar até o Mestre é a única coisa para se empenhar com todas as partes do nosso ser em conjunto, mas estamos vagando por aí dia após dia. Nós não deveríamos ser como tantas crianças; ou como tantos membros em Adyar que escutam tudo o que Amma diz de olhos fechados e saem, e não fazem nada. Nós já passamos desse estágio, mas ainda não do estágio em que sejamos mestres de nós mesmos. Nós estamos num estágio intermediário, que é um estágio bem delicado.

Se eu lhes dissesse que o Mestre esteve aqui ontem (não estou dizendo que Ele esteve), vocês talvez tivessem um arrepio, mas isso não lhes daria entusiasmo, nem inspiração o bastante para fazer com que Ele retornasse para vocês mais vezes. Se nós fossemos grandes o suficiente, como devemos ser, vocês não acham que Ele viria todo dia?

Nós não estamos assimilando rápido o suficiente aquilo que está sendo colocado na nossa frente. A coisa que realmente importa é ser constantemente unidirecionado e não entrar em caminhos paralelos de vez em quando. Quer estejamos sozinhos ou acompanhados, nós precisamos sempre ser resolutos e seguir em frente sem hesitação. Se vocês tiverem esta atitude, de modo que nada mais importe, então quando o Mestre chegar de verdade vocês saberão, e vocês saberão como usar o momento e como se desenvolver até a Sua estatura.

Não adianta ter predileção por X ou por Y se tal predileção ou devoção não nos leva a fazer alguma coisa. Nós podemos admirar uma montanha e gostar dela, mas é em se tornar como ela, ou falhar nesse esforço que reside a diferença entre o selvagem e o civilizado. É o desejo de se tornar como é o ideal que importa. Nós precisamos ter tal desejo pulsando em nós o tempo todo e estar absolutamente despreocupados com qualquer coisa que leve embora a glória da coisa grandiosa.

11

KRISHNAJI: Há uma aurora em nosso horizonte, isto é, felicidade. Vocês percebem no livro que estamos lendo toda manhã, *O Evangelho do Buda*, o papel desempenhado por Ananda, o discípulo favorito do Buda. Nós podemos imaginar o seu estado de completa e absoluta felicidade, porque ele nunca podia ter um pensamento ou ideia de depressão, visto que o seu Sol estava sempre com ele. E nós devemos desenvolver essa qualidade bem mais por estarmos intensamente felizes e por não ter qualquer depressão ou preocupação. Pois, tudo se resume a isso, quando estamos deprimidos é porque não nos demos suficientemente ao Mestre. Isso mostra que o nosso eu assumiu novamente o primeiro plano. Vocês podem imaginar o que discípulos verdadeiros sentem quando estão perto do Mestre. Não há nada os restringindo, nenhum eu vindo à tona, nenhuma presunção de serem maiores do que o Mestre.

Se vocês encararem isso por este ponto de vista, perceberão que as coisas estão desse jeito porque nós ainda dependemos do eu em nós, e ainda nos consideramos realmente maiores, que nós não nos entregamos ao Mestre. Se eu disser que eu, Krishna, estou inteiramente à disposição do Mestre, eu posso entrar no estado de me sentir supremamente feliz, e indiferente a tudo exceto a ser um devoto verdadeiro e discípulo do Mestre. Todos nós, especialmente aqueles que são jovens como a maioria de nós aqui, uma vez tendo recebido a visão, não devemos mais evoluir pelo sofrimento, como a maioria faz, mas devemos evoluir continuamente pela felicidade. E, além disso, visto que já sabemos, como todos nós sabemos em nossos corações, que nos tornarmos discípulos impessoais está em nossas mãos, nós devemos ter aquela tremenda felicidade de varrer para longe tudo que se interpõe em seu caminho e traz o contentamento supremo. Isso é muito difícil de descrever, mas uma pessoa só pode ter um vislumbre do que significa felicidade por ser impessoal e extremamente indiferente em relação a qualquer fruto que possa cair dos céus.

Se alguma vez vocês conquistarem tal atitude, nunca poderão ficar deprimidos ou estar desconfortáveis, ou permitir que o eu venha à tona inesperadamente. Eu tenho certeza de que é isso que o Senhor Buda quer dizer, até onde sou capaz de interpretar: que a felicidade do Nirvana vem depois que você destrói absoluta e completamente o eu[8]. Uma vez que um homem faça isso, ele percebe quais são os poderes latentes que nele existem. Nada existe no mundo que possa nos fazer infelizes quando nós somos verdadeiros discípulos do Mestre. O que deveria preocupar todos nós é que a verdadeira felicidade vem da devoção completa a qual é destituída de todo "eu". É assim que todos nós devemos evoluir, especialmente os jovens aqui, não deveriam evoluir pelo sofrimento.

Abre-se um campo muito grande de especulações para uma mente límpida e purificada, porque tal mente é absolutamente unidirecional. Ela demonstra que o seu desejo supremo é o Mestre. Preocupações, maldades, e tudo o mais se renderá àquele desejo único

---

[8] No original em inglês: *self* – Muitos autores traduziram Nirvana por extinção, mas Krishnamurti parece interpretar a extinção do eu como a extinção das paixões dos elementais dos corpos que constituem a personalidade. Ele, em seu diálogo com E. A. Wodehouse, menciona que, mesmo após a libertação, ou Nirvana, permanece um "Eu [que] não é um ego. É uma coisa muito mais sutil – singularidade individual (*individual uniqueness* [provável referência à Mônada ou Espírito])". (VAS, L. S. R. *The Mind of J. Krishnamurti*. Mumbai: Jaico Publishing House, 2008. p. 55). (N.E.)

Rumo ao Discipulado

de ser como o Mestre. Tudo então se torna tão ridiculamente fácil, porque você é um devoto do Mestre e é Seu discípulo. Isso realmente faz uma tremenda diferença. Eu não sei se isso seria apenas a maneira oriental de encarar o assunto, e se eu estaria apenas expressando o instinto inato em mim.

Se todos nós que queremos progredir pudéssemos ter essa atitude, mesmo por um dia, para fazer uma experiência, seria de uma ajuda tremenda. É como deixar para trás a poeira. Não há nada mais que importe, a não ser ir sempre em frente. E você também quer fazer outras pessoas felizes. Você está sempre procurando um jeito de compartilhar a sua felicidade. Não é uma felicidade egoísta que você quer somente para si. É uma felicidade que você deseja irradiar. É o Cristo que nasce no verdadeiro discípulo. Você quer fazer tudo para mostrar às outras pessoas aquilo que lhe deu felicidade. É para isso que estamos aqui; para obtermos a felicidade, não para nós mesmos, mas para obter e compartilhar. Nós precisamos perceber a nossa responsabilidade em relação aos outros. Mas para ser capaz de fazer isso, é preciso se ver livre de si mesmo[9]; isso é o que cada um de vocês tem de fazer, e vocês podem fazê-lo, porque existe em vocês esse desejo.

É certo que vocês querem ser ativos e fazer progresso. Querem também que todos evoluam. É como contemplar aquele lindo castelo e querer que todos venham olhar para ele. Olhem para Amma e C.W.L., eles são imbatíveis em sua felicidade. Eles são verdadeiros discípulos.

Vocês não podem nem imaginar o deleite de estar numa posição na qual você pode dizer honestamente que, em qualquer ca-

---

[9] Vide nota na p. 62. (N.E.)

minho que se abra em sua frente, o eu está ausente. Nós precisamos examinar cada caminho, pegar um após o outro e destruir o eu em cada um desses caminhos. Vocês precisam expulsá-lo. Mas se forem discípulos verdadeiros, sentados aos pés do Mestre, então não há necessidade de explorar caminho algum, porque vocês não reconhecerão nenhum outro caminho exceto aquele, o caminho do discípulo; e nada mais importa.

Uma vez que obtenham essa atitude, o progresso, a felicidade, e ser realmente alguém no mundo, tudo isso não tem mais tanta importância; pois você como indivíduo pertence ao Mestre, e não pede nada, porque você fará tudo aquilo que lhe for pedido que você faça. Nada importa então, exceto ser Seu discípulo verdadeiro e ser como Ele. A pessoa pode imaginar por quantas vidas Ananda precisou lutar até que chegasse àquela posição. Cada um de nós tem uma chance de ser Ananda, embora logicamente não como o discípulo mais predileto.

Então, a frieza e a maldade das outras pessoas não importa, porque de certo modo você é como Ele, e de certo modo você tem a Sua compreensão e o Seu entendimento.

Há mais outra coisa. Vocês podem observar o fato de que cada estranho que vinha até o Buda, sentava respeitosamente a certa distância, ao lado, e não em Sua frente. Essa é a maneira oriental de mostrar respeito. Pessoalmente, eu me sinto incomodado sentado em frente a Amma. No Ocidente falta esta reverência. Se você tiver esta verdadeira reverência em seu coração, jamais poderá ser maldoso com ninguém. Você percebe, quando está com Amma, o quanto ela é reverente a você, e como ela é bondosa; ela lhe trata como se você fosse uma pessoa importante. Se uma pessoa da estatura dela pode fazer isso, é ainda mais importante para nós fazê-lo em um grau ainda maior.

Torre principal do Castelo, ocupada por Krishnamurti e outros membros do evento.

Castelo de Pergine, Trentino, Itália.

Rumo ao Discipulado

Também, isso lhe dá um certo grau de dignidade, de postura. Todas essas coisas são muito importantes: como nos sentamos, como nos vestimos, a aparência das nossas mãos; tudo tem seu valor, porque somos discípulos. Não há nada que possamos negligenciar. Precisamos ser perfeitos em tudo o que somos, fazemos e dizemos. Eu tenho certeza de que Ananda era ruidosamente feliz, sorrindo, divertindo-se e tudo o mais. Ele não tinha suprimido nenhuma dessas qualidades.

Reverência não significa atitudes extremadas. Significa dar ao Mestre tudo aquilo que temos e não reter nada. Se nós, que somos jovens, não tivermos estas qualidades, isso vai nos atrasar tremendamente. Nós precisamos ter reverência de maneira que ela borbulhe por todo nosso ser. Nós precisamos estar preparados para cair de joelhos diante de milhões de pessoas. Se nós tivéssemos reverência uns pelos outros, e pudéssemos ser aquilo que Amma é para todos nós, nossas mentes se tornariam puras, e nós nos tornaríamos bem mais ativos, e bem mais responsivos. Nós ganharíamos um poder extra e uma força maior para nos impulsionar. Vocês vão perceber que na Índia nós somos muito devocionais. Pode parecer pouca coisa, no sentido que isso vá ter qualquer valor permanente para impulsionar as pessoas continuamente. Mas pelos menos no momento isso significa tudo. É de reverência inata que se precisa. Se você tiver aquela reverência profunda e inata, isto significa, novamente, que você destruiu[10] o eu e que você é o seu próprio senhor e que o ideal é tudo para você.

---

[10] Vide nota na p. 62. (N.E.)

12

KRISHNAJI: Nós temos exatamente mais cinco dias, e eu acho que eu posso com certeza melhorar nos jogos nesses cinco dias. N.S.R. é melhor do que eu em controlar seu temperamento. Eu acho que esses cinco dias vão mostrar o quanto cada um é capaz de controlar a si mesmo, e o quanto melhorou desde que chegamos aqui. C.W.L. costumava dizer que esses jogos são infantis. É verdade, porque a menos que a gente preste atenção no jogo, todos podemos nos tornar infantis. O jogo deixa nossas mentes frouxas. Nós não estamos lá "por inteiro". Alguns ficam superexcitados, outros não têm interesse suficiente e começam a roer as unhas, e assim por diante. Durante os próximos cinco dias vamos todos manter nossos temperamentos sob controle. Eu certamente vou fazer isso, e vou encorajar o meu time a ficar calmo. Eu vou fazer isso, e eu queria que todos nós fizéssemos isso, e ver o quanto seremos capazes de mudar a nós mesmos. Eu não estou passando um sermão em vocês, mas em mim mesmo. É melhor ser aberto sobre isso, e assumir para si mesmo, embora machuque. Se machucar é bom para a pessoa, metaforicamente falando.

Até aqui nós estamos investigando a Provação, as virtudes como humildade, devoção, etc. Do nosso próprio ponto de vista, do ponto de vista daquele que ainda não tem olhos de águia. Nós estamos na posição do alpinista que pode ver sua trilha apenas um pouco à frente de si. Pode ser que exista um precipício, ou um caminho de ângulos corretos, mas eles não estão ao alcance da sua visão.

Rumo ao Discipulado

Nós precisamos olhar para nós mesmos do ponto de vista do Mestre que já está no topo da montanha, olhando para baixo, *i.e*, a partir da atitude do Mestre que sabe que está absolutamente certo do quanto o seu discípulo[11] é capaz de avançar, do quanto a sua mente é pura e do quanto ele é capaz de corresponder. Para Ele todos nós estamos sob teste, mesmo que já tenhamos passado por certo número de Iniciações. Afinal, nós absolutamente não somos perfeitos. Ele está constantemente nos vigiando como uma mãe vigia o seu bebê, e como ela, ele quase chora quando nós tropeçamos numa pedra e caímos, e encorajando assim como a mãe encoraja a criança a dar um passo largo, e ficando mais do que feliz quando nós somos capazes de corresponder-Lhe. Ele é como alguém que está o tempo todo a nos observar lá de cima (usando a frase observar de cima, no sentido de alguém que observa do alto de Sua Sabedoria e Compaixão). Com braços protetores estendidos. Mas os braços protegem desde que a gente corresponda, desde que estejamos tentando entendê-Lo e fazendo o esforço correto. Quando cometemos um erro, é porque perdemos o controle emocional sobre nós mesmos ou perdemos o interesse, e então não conseguimos perceber onde está nossa força. O Mestre está tão atento que Lhe é penoso quando fazemos algo errado e, quando fazemos o que é certo, Ele fica supremamente feliz. Imaginem só o prazer que sente uma mãe quando o seu bebê faz algo maravilhoso, e sua dor quando ele faz algo feio.

---

[11] Algumas afirmações desta obra ora indicam que o grupo se prepara para as Provas e a Senda ao Discipulado, ora indicam já a condição de discípulos. Sendo tal condição de fato inerente ao próprio Krishnamurti (e possivelmente a alguns outros ali), entende-se que o autor preferiu se colocar em posição de igualdade com os demais companheiros, não deixando de lembrar, contudo – em benefício do próprio grupo – as experiências de que já é portador . (N.E.)

Se encararmos as coisas por esse ponto de vista, devemos ser mais definidos, mais concretos em nossos pensamentos e ideias. Atualmente somos irresponsáveis. Nós não somos responsáveis nem para com nós mesmos, nem para com o Mestre. Uma hora nós estamos do lado do Mestre, e noutra recaímos para o lado dos nossos pequenos eus. Estamos constantemente andando para frente e para trás. Nós ainda não aprendemos a olhar o Mestre ou o Ideal (qualquer que seja ele, não importa como se chame) com o devido senso de responsabilidade que convém ao discípulo que sabe do seu verdadeiro relacionamento com o Mestre. Como acontece na vida comum, se uma pessoa gosta intensamente de alguém, ela deve ter muito cuidado para não fazer alguma coisa que vá deixar a outra pessoa infeliz. Da mesma maneira, um Mestre faz tudo de modo muito cuidadoso, bem mais cuidadoso do que nós seríamos capazes de fazer. Nós precisamos cultivar essa atitude de responsabilidade em cada pequena ação, seja prazerosa ou não. Tudo que se faça então corresponde ao caso da mãe que vigia, no sofrimento ou na alegria, e do deleite que essa observação traz.

É muito mais fácil prosseguir, se nós atrelarmos a isso nossa fé, e se nos sentirmos responsáveis diante Dele, de modo que não importa o que façamos ou que sejamos, Ele está o tempo todo em nossa consciência, a Sua compaixão flui através de nosso proceder correto sem ser impedida pelos erros. Devemos chegar nós mesmos até o cume da montanha, e de lá olhar e observar as diversas mudanças que ocorrem em nós, consciente e inconscientemente. Como poderíamos esperar que o Mestre, que tem milhares de filhos por todas as partes do mundo, nos falasse individualmente toda vez que cometêssemos um erro, e nos guiasse a cada passo no caminho? Consequentemente, recai sobre nós como discípulos a responsabilidade de, por

Rumo ao Discipulado

meio de nossas atitudes e de nossos esforços, trazer a nós mesmos a atenção do Mestre e nos colocarmos à Sua inteira disposição. Se formos devotados até este ponto, então o Mestre realmente tomará conta de nós. Será então responsabilidade Dele tomar conta de nós, se formos suficientemente como crianças diante Dele, e grandes o suficiente para entender o que Ele quer e ir em frente e fazê-lo. De certa maneira, essa atitude elimina o eu em nós, porque nos tornamos parte do Mestre, e o eu individual se perde. Nossas mentes, emoções, e tudo adquire a atitude do Mestre. Isso, eu penso, é muito importante para todos nós, porque mais tarde alguns de nós teremos de fazer o trabalho que o Mestre quer que nós façamos. Se nós começarmos agora a ter aquela atitude de nos tornarmos responsivos ao Mestre, evitaremos muitas dificuldades e muitos preconceitos que poderão surgir inconscientemente, para que mais tarde não tenhamos que lutar contra eles o tempo todo. As imperfeições não têm importância, desde que sejamos verdadeiros devotos em Suas mãos. Isso é o que importa: ser capaz de se adaptar.

J.N: Eu gostaria de dizer alguma coisa que todos nós sentimos lá dentro. Nós só temos mais alguns dias. Até agora clareamos a atmosfera, limpamos o terreno, removendo pedras, sujeira e mato, e todas as outras plantas, exceto a única planta que vale a pena permanecer. Quando tivermos partido de Pergine, será nossa responsabilidade especial tomar cuidado para que o solo que limpamos não volte a ficar novamente coberto de mato. Será extremamente difícil para nós deixar apenas a planta que vale a pena ser mantida. A verdadeira prova aparecerá quando nós sairmos mundo a fora e, mais uma vez, nos acharmos ocupados com uma infinidade de tarefas. Pois as ervas daninhas não foram totalmente removidas, mas apenas superficialmente, e se não tomarmos cuidado, elas podem encher de novo o

72 Rumo ao Discipulado

canteiro. Nós precisamos rodear a nós mesmos o tempo todo com a mesma atmosfera de devoção que sentimos aqui. Amma e C.W.L. vivem perpetuamente nesta atmosfera de constante devoção. Eles têm apenas uma flor em seus jardins. Nós limpamos o ar e o chão nessas seis semanas, e nossa tarefa quando retornarmos é cuidar para que o ar se mantenha puro e o chão livre de ervas daninhas. Não é uma coisa que possamos fazer em um único dia, nem mesmo em um ano, manter a atitude de constante devoção, que A.B. e C.W.L. têm mantido solidamente por quarenta anos.

Nenhum de nós percebe que temos em nós mesmos os germens, de cujas possibilidades nós não temos absolutamente a mais remota concepção. Nós poderíamos até mesmo nos tornarmos Arhats[12] nesta vida. Então vamos tentar viver como se fossemos Arhats a partir de amanhã. Então a Provação e o Discipulado virão em seguida. Está chegando Alguém Muito Grande, Que fará valer mil vezes a pena os nossos pequenos esforços.

Hoje nós nos decidimos. Por todas essas semanas nós nos decidimos. Se conseguirmos manter essa decisão de pé o tempo todo, não importa onde estejamos, nós estaremos na Senda que conduz ao Mestre. Cada qual fará isso a seu próprio modo; alguns meditarão, outros assumirão um voto, e assim por diante. Vamos fazer um esforço definido para conservar esta unidirecionalidade que obtivemos neste lugar.

N.S.R.: Eu tenho os mesmos sentimentos a expressar de modo diferente. Nós passamos todas essas cinco semanas para adquirir uma reorientação ou reajuste mental, a fim de que agora sentíssemos nossas mentes definitivamente voltadas em direção aos Mestres,

---

[12] Iniciado do 4º Grau. (N.E.)

Rumo ao Discipulado

como imãs direcionados para o Polo Norte. Também ficou claro que nós somos capazes de fazer com que os Mestres se tornem nossos pontos de referência. Sempre que estivermos em dúvida, ou formos incapazes de ver as coisas por nós mesmos, nós devemos ser capazes de nos dirigirmos ao Mestre. Os Mestres são uma realidade, e nada nos ajudou mais a perceber isso do que as conversas que tivemos até o momento. Foi trazido à nossa atenção que Eles estão ansiosos para nos ajudar, e que Sua ajuda depende de nossa resposta ao Seu chamado. Nós devemos manter em nossa mente o pensamento de que aquilo que fazemos ou sentimos é feito para Eles.

Eu considero a permanência aqui um privilégio, porque tem sido as cinco semanas mais felizes que eu vivi em meus vinte anos de vida dos quais eu tenho uma lembrança nítida. Eu estou ansioso por fazer uma grande quantidade de trabalho em casa, para onde eu pretendo levar toda a experiência que estou obtendo por aqui. Não é apenas de Krishnaji que eu obtenho inspiração, mas de outros também, como é bastante natural, considerando-se um encontro como este. Eu talvez tenha recebido mais do que fui capaz de oferecer.

13

KRISHNAJI: Eu acho que é bastante óbvio que, embora todos nós estejamos tentando nos tornar discípulos do Mestre, nossos esforços serão facilitados mil vezes quando o Instrutor chegar. Isso para nós será um anseio tremendo de fazer coisas importantes, e a maioria de nós terá tarefas específicas ou papéis a desempenhar no trabalho do Instrutor. Outro dia lemos o que o Senhor Buda disse que após Ele viria o Senhor Maitreya – Aquele Cujo nome é Compaixão. A maioria de nós crê nisso, e todos estamos, de alguma maneira, treinando para participar no Seu trabalho; e nós podemos entender como será grande a responsabilidade e a satisfação quando Ele estiver aqui.

N.S.R.: Quando o Grande Instrutor estiver aqui, nosso trabalho será mais pesado. Porque os nossos defeitos serão trazidos à tona mil vezes mais. Nós acharemos muito difícil ajustar nosso ponto de vista ao Seu ponto de vista. Nosso treinamento atual se provará de muita ajuda, mas esse, para mim, não é um pensamento lá muito reconfortante, porque no mundo lá fora há homens mais capacitados do que nós, apesar de eles não estarem ligados à Ordem da Estrela[13]; e Ele poderá escolher trabalhadores dentre tais pessoas em vez de nós. Nós não deveremos ficar decepcionados por Ele escolher pessoas que poderão estar bem distantes do centro de nossas atividades. Nós devemos nos consolar com o pouco que nos couber.

Todos nós estamos passando por uma reorientação. A prova ainda está lá na frente, nós precisamos estar preparados para encará-la

---

[13] Vide Prefácio. (N.E.)

Rumo ao Discipulado

com firmeza. Nós não sabemos qual será Sua atitude ou quais serão os Seus ensinamentos. Devemos manter nossas mentes abertas. Vamos descobrir em nós mesmos a fonte de inspiração. Quando o Instrutor estiver entre nós, o mundo inteiro irá adquirir uma expansão de consciência. Nós deveremos ser capazes de compartilhar da alegria que a Natureza sentirá com a Sua chegada.

KRISHNAJI: Eu quero dizer algo, mesmo correndo o risco de ser repetitivo e maçante. Nós já dissemos, desde o começo, que não importa o que queiramos fazer em nossas vidas, nós precisamos ser resolutos. Nós precisamos ter uma meta bem definida em direção à qual estejamos constantemente a avançar. Para muitos de nós o Mestre é esta meta, e almejamos finalmente servir ao Instrutor quando Ele estiver entre nós. Nós não podemos ser um sucesso tanto no mundo exterior quanto no mundo espiritual. Se quisermos ser grandes no mundo exterior, ser populares, bem-sucedidos, ser perfeitos nesse caminho, vamos em frente. Porém nenhum de nós aqui quer seguir por esse caminho, então ele não nos interessa.

Nós deveríamos ver até onde o nosso desejo, nossa intenção é forte para nos conduzir até a nossa meta. Atentem todos para isto: não são apenas todos os nossos erros, por pequenos que sejam, que serão ampliados quando o Senhor do Mundo estiver aqui, mas também toda pequena conquista, cada pequena bondade que fizermos será da mesma forma ampliada umas mil vezes. Todos nós aqui não temos nenhuma grande dificuldade, como qualquer coisa relacionada ao sexo, etc.; de modo que devemos arregaçar as mangas, por assim dizer, e seguirmos em frente rumo à nossa meta. Nós todos já decidimos no fundo de nossas almas que só temos de fazer uma coisa neste mundo, e isso é nos tornarmos perfeitos discípulos do Mestre. É a repetição diária deste desejo, desta determinação, que pode nos levar a qualquer lugar, quando estiver combinada com esforço contínuo. Todos nós temos personalidades fortes, e pontos de vista bem formados; todos nós temos vontade própria. Se quisermos fazer qualquer coisa nesta linha, nossos esforços têm de ser tão intensos que nós deveríamos estar exaustos ao final de cada dia. Nossos esforços no presente não nos levam de um vale a outro. Nós estamos num vale e dele enxergamos a mesma vista. Se fizermos esforços para vencermos uma coisa, depois outra, nosso entendimento será maior e a nossa visão mais ampla. Nós fazemos esforços intensos para progredir em um dia, mas no dia seguinte ficamos enfraquecidos e acontece um retrocesso. Nosso avanço é como o de uma lesma. Não é o progresso que vem de uma devoção real, de uma reverência e afeição reais. Se nós tivéssemos tal afeição irresistível, não importa por quem, nós faríamos coisas para deixar aquela pessoa feliz. Se você estiver morando numa bela casa, numa bela rua, com um belo jardim e luz do sol, enquanto alguém de quem você gosta vive numa favela, sem luz do sol e nenhum conforto de qualquer tipo, será seu desejo constante lhe doar aquilo que ele precisa.

Estes não são sentimentos fúteis ou apenas uma camuflagem. Um ou dois de nós já tivemos a visão e sabemos onde é esse jardim, onde fica a rosa, e onde existe a luz do sol. Para tais pessoas, o desejo de compartilhar aquilo que viram e aprenderam será algo instintivo.

Cada um de nós precisa ser uma lâmpada. Nós precisamos nos doar e aprender. Quanto mais alguém chega perto do Mestre, mais a pessoa quer aprender e partilhar, e as afeições da pessoa se tornam muito intensas. De fato, nós não sabemos o que realmente é a afeição até o momento em que experimentamos aquilo.

Quando o Instrutor estiver aqui, todos nós estaremos perto Dele. Todos vamos beber da beleza e da glória, e vamos tentar enten-

Rumo ao Discipulado

der perfeitamente tudo aquilo que Ele vai nos dizer. É daí que vem a emoção de termos a capacidade de ser precursores, de modo que saibamos o que vai acontecer e estejamos prontos para aproveitar cada oportunidade que surgir. Não temos qualquer direito de dizer: "Eu não tenho a menor chance", ou de pensarmos que somos pequenos demais. A coisa a ser feita é estarmos determinados a nos aproximarmos um pouco mais daquele jardim a cada dia, e trabalharmos a cada manhã até o anoitecer a fim de que possamos chegar até ele. Nós chegaremos lá o quanto antes, se quisermos o suficiente.

Existem *Hatha-Yogues* na Índia que fazem toda sorte de abominações com seus corpos por se torturarem. Mesmo isso seria melhor do que nossos esforços fracos e nossos fracassos constantes. Se for para fracassarmos, então que fracassemos em coisas grandes, em coisas que tenham importância. Nós agora estamos fracassando em coisas muito pequenas, ínfimas.

É muito melhor ser realmente feliz e ser capaz de amar a todos e a tudo, e a cada flor, cada árvore, cada animal e cada pedra que você conheça. Vocês poderão não ser capazes de fazer isso prontamente. No começo nós devemos aprender a gostar dos que estão perto de nós, e então gradualmente nós vamos ampliado o círculo, mas devemos fazer isso por etapas. Nós podemos imaginar como o Mestre, que observa a nós todos, deve ter milhares de discípulos pelo mundo inteiro, e como a cada um Ele tem alguma coisa a dar em termos de Sua afeição, de modo que eles não se sintam excluídos; e isso deve ser mil vezes mais intenso no que se refere ao Instrutor do Mundo.

Se nós tivermos em nós tal sentimento, mesmo que seja apenas por alguns momentos a cada dia, isso seria como um banho refrescante num dia de calor intenso. Vocês sabem como é grande a diferença que isso faz para uma pessoa. E tudo isso requer o simples esforço, a simples determinação para se chegar lá. Todo erro pequeno que cometemos devia ser uma grande lição o qual nós nunca voltaríamos a repetir. Apenas se imaginem diante do Mestre: Vocês não percebem o tremendo esforço que vocês fariam? Suas emoções, seus pensamentos, suas afeições, suas mentes estariam o tempo todo sob vigilância, de modo que vocês não fizessem nada que pudesse Lhe causar desagrado. Percebam, nós estamos nesta situação o tempo inteiro, embora não estejamos conscientes disso.

Eu tenho certeza de que tudo aquilo que fazemos é observado com um olhar de incentivo e encorajamento, com uma ansiedade maior do que a nossa própria. O que realmente está nos detendo, eu não vou dizer, mas aquilo que não produziu em nós uma mudança colossal de modo que não nos reconheçamos com o passar dos dias, é nossa desleixada incapacidade de observar a nós mesmos. Façam a si mesmos essa pergunta. Eu a fiz a mim mesmo, e sei qual foi a resposta que consegui. Nós carecemos de autocontrole. Não estamos observando a nós mesmos o tempo todo. Isso é o que C.W.L. repetia para nós da manhã até a noite: que não se pode permitir que o menor erro escape da observação da mente; que a pessoa deve viver num estado de contusão permanente, metaforicamente falando, de modo que no momento que você começar a fazer alguma coisa errada, alguma coisa indigna de um discípulo, o ferimento que você recebeu comece a doer e te leve a parar imediatamente.

Uma ou duas pessoas aqui percebem a tremenda felicidade e a glória que se sente quando se consegue uma visão, quando a pessoa consegue ver o Mestre. Faz com que você se torne frenético nos seus esforços para se aproximar Dele. E então perceber que Ele esteve junto de você o tempo todo, e que você foi tão tolo ao ponto de nunca ter percebido nada, pode deixar você prostrado de humilhação.

Rumo ao Discipulado

J.N: Todos, à sua própria maneira, já tomaram algumas decisões enquanto estavam aqui. Você não acha que eles poderiam ser capazes de repeti-las todos os dias, de modo a manter o elo que eles conseguiram estabelecer aqui?

KRISHNAJI: Eu penso que cada um pode estabelecer um momento no dia no qual possa fazer isso. Entre nós não deveria haver qualquer ciúme, ou indelicadeza ou má vontade. Vocês não sabem como é grande o prazer de se ter verdadeiras amizades. Em Londres (muitos de nós vamos a Londres por um mês) nós deveríamos nos reunir todo dia se possível; ou meditar ou fazer alguma coisa para ficarmos juntos.

Ontem aconteceu uma coisa comigo: eu estava deitado com os olhos fechados. Vocês sabem, como que num sonho, muito vividamente você vê as coisas de modo perfeitamente claro. Então com olhos da minha mente, eu vi claramente o Mestre. Isso me deu um grande e inesperado frenesi, e eu gostaria que isso acontecesse com todos vocês, de modo que vocês pudessem saber como isso me deixou consciente e intensamente feliz.

Eu tenho certeza de que tudo para nós já está escrito. Nada nos acontece que já não tenha sido predeterminado. Se nós fugirmos disso, a culpa será nossa, como nós geralmente fazemos. Se nós aderimos à Senda que Ele nos designou, nós conseguiremos fazer tudo aquilo que for possível para um discípulo, teremos tudo o que um discípulo precisa ter. Nós teremos a felicidade de em breve perceber e ver o Mestre.

14

KRISHNAJI: Nós temos exatamente mais dois dias aqui. Eu não sei como vocês todos estão se sentindo, mas eu me sinto como se estivéssemos recomeçando uma tarefa e vendo aparecer os resultados de nossos esforços. Pois todos nós aqui decidimos fazer uma coisa só, *i.e*, nos tornarmos discípulos do Mestre. Uma das coisas mais essenciais a ser feita é aprender e doar – aprender, no sentido dado pelo Senhor Buda, estar "ansioso por aprender". Mas o esforço deve partir da própria pessoa. A lâmpada tem de ser acesa pela própria pessoa.

No processo de estarmos ansiosos por aprender, nós sempre teremos de ter um certo senso de humor, sempre sermos capazes de rir de nós mesmos, e sempre sermos capazes de separar de um lado as coisas que têm real importância e, do outro, as coisas que não têm importância nenhuma. Em outra palavra, equilíbrio. Equilíbrio na determinação, equilíbrio no desejo e equilíbrio no esforço. E vocês vão sentir, ao passo que avançam, que a questão não é tanto o fato de estar ansioso por aprender, mas que nos falta o equilíbrio que traz perfeita harmonia entre o aprendizado e as nossas ações. Todos nós estamos dispostos a aprender, e até estamos tentando aprender, mas se fôssemos até o Senhor Buda como Seus discípulos, *i.e*, se fôssemos capazes de atingir esta altitude hoje, tudo o que Ele nos diria é para matarmos o eu[14], sermos livres de desejos, e perceber que só poderemos atingir o Nirvana sozinhos. A julgar pelo que dizem os livros sobre os Seus ensinamentos, eu acho

---

[14] Expressão tradicional que se refere à renúncia às ambições e aos desejos pessoais, pois o "eu" é uma construção de mente, apoiada na busca do prazer e fuga da dor. (N.E.)

Rumo ao Discipulado 81

que poderemos estar bem certos que Ele agiria dessa maneira. Nós provavelmente voltaríamos com o sentimento de desapontamento: "eu já sabia de tudo isso". Nós precisamos ser capazes de aplicar o que Ele ensinou em seus mínimos detalhes. Todas as possibilidades precisam ser exploradas antes que possamos dizer quão simples tudo isso é. Uma noite dessas, eu estava pensando em como nós somos parecidos com uma senhora que chegou à beirada do Grand Canyon e disse: "É só isso?"; eu acho que esse seria o nosso sentimento. O que precisamos ter é um terreno bem preparado, para que qualquer planta que nós desejemos possa crescer lá. Essa é minha interpretação para "estar ansioso para aprender".

Novamente, quando o Instrutor do Mundo chegar, Ele não nos dirá coisa alguma que já não tenhamos ouvido antes; mas a profundidade da compreensão e a disposição de seguir as orientações e pôr em prática em seus mínimos detalhes dependerão de nós, na proporção em que nossas mentes forem capazes de apreender as instruções.

Vamos tomar como exemplo qualquer Grupo ou Loja. Existem pessoas que são muito devotadas e desejam aprender, e que escutam todas as palestras seriamente, com bastante atenção, e tudo o mais, mas ainda não aprenderam realmente a aplicação prática de qualquer verdade, porque elas ainda estão completamente envolvidas consigo mesmas. Elas estão todas olhando para as coisas com os olhos de alguém que está o tempo todo se agarrando a alguma coisa, imaginando uma maneira de obter qualquer proveito individual delas. Se o Instrutor do Mundo surgisse entre elas, elas iriam escutar e diriam: "Que atmosfera maravilhosa!", mas, além deste ponto, elas absolutamente não prosseguiriam.

Vocês se lembram como o Senhor Buda, depois de dizer: "Vocês precisam ser lâmpadas para si mesmos", prosseguiu dizendo, vocês precisam eliminar todos os seus desejos pessoais – o desejo de avançar, e até mesmo o desejo de alcançar o Nirvana – e ainda assim ao mesmo tempo estar ansioso por aprender, mesmo sabendo que ao Seu redor se encontravam discípulos que estavam ansiosos para aprender e estavam se esforçando até o seu limite, que estavam sacrificando tudo aquilo que porventura tivessem.

É como mostrar uma pintura maravilhosa para algumas pessoas. Elas podem dizer que é muito bela, e tudo o mais, mas elas não se preocupam em obter o entusiasmo e a devoção para aprender o que realmente está por trás da pintura. Sua apreciação da pintura será apenas superficial. E se nós estivermos realmente ansiosos, então, como C.W.L. insistia com muita frequência, nós nunca deveríamos perder alguma oportunidade de aprender; porque isso mostra que nós não temos a atitude apropriada se perdermos oportunidades que nos são oferecidas. Suponhamos que o Mestre viesse até nós esta noite, ou até mesmo agora, e fosse nos dizer o que Ele espera de cada um de nós, qual seria para nós a coisa mais essencial a ser feita. Então, a menos que tivéssemos mentes absolutamente puras e iluminadas, ao ponto de poder examinar tudo e banir o eu de tudo, e ao menos que tivéssemos uma mente que muito aspira a aprender, Ele não seria capaz de obter de nós uma correspondência apropriada.

Nós já percebemos mais ou menos que todos os Instrutores exigem que os aprendizes sejam desde o começo capazes de ver e de apreciar as coisas, de certa forma, seguindo-Os cegamente. Se deixarmos nossa faculdade crítica se desenvolver exageradamente, ela vai embotar nossa capacidade de realmente apreciar uma coisa, e dar-lhe nosso respeito e admiração. Todos nós sabemos dessas coisas, elas são como nosso alimento diário. Mas a menos que tenhamos um solo bem cultivado, as verdades maravilhosas podem perecer se

Rumo ao Discipulado

o terreno ficar coberto de mato. Todos nós nos encontramos nestas condições. Nós necessitamos não apenas ter o desejo de avançar, de trilhar a Senda do Ocultismo e de alcançar o Mestre, mas também precisamos acima de tudo ter uma mente que compreende.

Quando o Mestre nos diz alguma coisa, Ele não a repete, ou a explica de várias formas. Ele não se dá ao trabalho de fazer isso – não é que Ele não queira, mas é porque Ele não tem tempo para isso. É como ir procurar um homem de negócios bastante ocupado para lhe perguntar alguma coisa bem trivial. Eu sinto cada vez mais que vocês é que precisam fazer o esforço, vocês precisam ter o desejo, acima de tudo, vocês precisam ser capazes de aprender coisas, não importa de onde ou de quem elas venham – do jardineiro, do cozinheiro, ou do Mestre – e não ficar somente à deriva, à espera de obter conhecimento de uma única fonte. Em primeiro lugar, nós não somos pessoas tão evoluídas ao ponto de sermos capazes de receber instrução direta do Mestre. Nós precisamos buscar informações em toda parte e reuni-las de cada canto e de cada pedra.

C.W.L. faz a mesma coisa. Ele dá uma pequena dica. Essa dica pode aparentar ser absurda, ou desarrazoada ou trivial ao mesmo tempo, então você a deixa de lado. Depois de quatro ou cinco dias, você diz: "que idiota eu fui de ter deixado escapar aquilo". Nós lemos isso inúmeras vezes em todo livro de Ocultismo: "O Mestre nunca fala duas vezes". Para Ele não vale a pena ficar repetindo uma coisa vez após vez, se nós não temos a mente aberta para escutar e para aprender. Para Ele uma mente que não esteja disposta a aprender e repleta de entusiasmo não tem utilidade. Eu não eu estou dizendo que a gente tem de aceitar cegamente qualquer ideia que apareça, mas que nós devemos ser capazes de aprender com todas as pessoas, e não apenas com o Mestre.

84   *Rumo ao Discipulado*

A outra coisa é doar-se. Você e eu, tenho certeza, todos gostaríamos de fazer isso. O desejo voluntário de doar-se, nascido do entusiasmo, é uma coisa muito importante, porque demonstra que o seu eu está no Mestre, e que você está se distanciando de si próprio e pensando nos outros. Nós temos muito para oferecer, vocês e eu. Se todos nós déssemos plena liberdade de ação ao nosso desejo de dar tudo aquilo que pudéssemos para servir a todos, nós todos devíamos ser Mestres. A dificuldade está na nossa incapacidade de subjugar nosso próprio eu egoísta – a incapacidade de ser tão afetuosos, ser tão entusiásticos em nossa afeição, ao ponto de dar sem que os outros nos peçam. Isso é devoção verdadeira. Todos nós a temos em nós mesmos, e mesmo assim ela está restrita, porque nós não somos suficientemente ousados para tentar atingir nossa meta mesmo correndo o risco de perdermos a nós mesmos.

Todos nós temos amor e afeição; todos nós temos isso de alguma forma oculta. Nós também temos a devoção e a reverência que nos faz amar, admirar e desejar seguir. Todos nós temos certa medida disso, e se nós damos esses sentimentos ao Mestre, também devemos ser capazes de dá-los a todos à nossa volta. Não é tanto que Ele exija de nós tais sentimentos, mas que nós não conseguimos evitar dar-Lhe nossa devoção e reverência; e de modo análogo, nós não conseguimos evitar dar às outras pessoas nosso amor e afeição depois. Quando a gente vê uma coisa maravilhosa, por exemplo, nosso impulso imediato é compartilhar com os outros a alegria que sentimos em nós mesmos. Vocês e eu temos esses sentimentos reprimidos. Eles precisam ser liberados. Se formos capazes de fazer isso, não precisaremos de mais nada. Nós já estaremos lá, no topo da montanha.

Nós não nos entregamos completamente porque o nosso eu é muito forte e faz com que questionemos e exijamos explicações toda vez que temos de dar um novo passo à frente. Nós não sabemos

Rumo ao Discipulado

como seriam as nossas vidas se nós fossemos capazes de dar devoção, afeição e reverência de mão aberta, sem quaisquer reservas. Isso demonstraria que já deixamos o nosso eu lá atrás, e que nossas mentes e ações não estão mais sob o seu controle. Todos nós temos a fagulha que nos dará a vida e a força para fazer isso; e se nós a alimentarmos e a acendermos, tomarmos conta e trazê-la para o primeiro plano, o Mestre nunca hesitará em vir nos ajudar.

Eu sinto fortemente que todos nós estamos fazendo esforços para subir uma ladeira muito íngreme, mas com tais complicações e tais determinações enganosas, se podermos chamá-las assim, nós estamos ficando atolados, e perdendo o nosso destino de vista. Mesmo assim é tão simples. Se vocês quiserem progredir, se quiserem se ligar ao Mestre, precisam tomar certa atitude, aquela atitude de altruísmo extremo e pensamento absolutamente impessoal. Esse é o primeiro requisito. Então precisam ter afeição, devoção e equilíbrio. Com essas qualidades, já estarão praticamente lá. Em vez disso, nós estamos vagando de um labirinto para o outro, e tentando escapar deles ao mesmo tempo. Não é de metafísica ou de filosofia que precisamos, mas simplesmente de um roteiro definido. E se estivermos dispostos a nos manter nele, nós seguiremos em frente sem maiores dificuldades. Até as portas do Céu se abrirão para nós. Mas nossa mente é tão complicada que não somos capazes de ver uma verdade simples sem distorcê-la. Por exemplo, considerem a verdade de que não deve haver um eu pessoal no discípulo. Não há nada mais a dizer sobre isso. Examinem cada recanto e eliminem de cada avenida da sua natureza íntima o eu, e você vai atingir o Nirvana, porque terá alcançado a condição de um Buda. O Buda deve ter penado imensamente porque todos os brâmanes, todos os filósofos estavam tentando encontrar a senda através de esquemas complicados e estavam se perdendo. O

Buda queria achar a senda que era simples, direta e clara, uma senda que todos pudessem seguir.

Vocês não conseguem perceber, quando analisam a situação, que não estamos seguindo um caminho direto? Nós dizemos que queremos destruir o eu. Nós achamos que já o eliminamos de uma coisa, e de repente nós o surpreendemos rastejando em um certo canto de nós, e temos que nos preparar novamente e enfrentá-lo. Outro dia ele reaparece em outro lugar, e assim a gente vai perdendo tempo; enquanto a qualquer hora, com uma mente limpa e uma forte determinação, nós poderemos vê-lo e eliminá-lo de tudo. É como muitas pessoas que vão até Adyar para procurar o Mestre, e são incapazes de reconhecer alguém mais elevado que elas mesmas. Nós não somos capazes de apreciar a imensa grandeza do Mestre. Está além dos limites da nossa compreensão, fora do alcance do nosso entendimento.

Nos verdadeiros discípulos, o que a maioria de nós está tentando ser, antes de tudo, não deve haver nenhum eu. Se vocês observarem a si mesmos cuidadosamente, serão sempre capazes de dizer o momento em que o eu se manifesta. Vocês não precisam que ninguém, nem o Mestre, venha até vocês e lhes diga isso. Vocês precisam ser uma luz para si mesmos; e precisam fazer com que essa luz brilhe cada vez mais todo dia. No momento tudo o que fazemos é polir nossas lâmpadas da melhor maneira que conseguimos, e tudo o que conseguimos é ficar exaustos. No dia seguinte a luz está ainda mais fraca.

Por favor, não pensem que eu quero desanimá-los, porque não quero. Os seus esforços precisam ser orientados na direção correta, seguindo a linha de menor resistência, para que vocês não parem nem por um segundo. Quando vocês forem para à Austrália, encontrarão inúmeras oportunidades. Quanto mais as aproveitarem, mais

Rumo ao Discipulado 87

progresso vocês farão. Vocês têm que estudar, mas têm também que melhorar e seguir em frente. E não devem estar autoconscientes[15] disso. Um homem autoconsciente[16] pode fazer esforços surpreendentes e mesmo assim fracassar em atingir a meta.

---

[15] No original em inglês: *self-conscious*. Entende-se que a intenção do autor é que não deve haver interesse pessoal no esforço para atingir a meta, porque isso reforçaria o "eu". (N.E.)
[16] *Ibidem*. (N.E.)

15

KRISHNAJI: Eu penso que há um assunto que os ocidentais praticamente não conseguem entender: a questão da fé. Na Índia é uma questão bem corriqueira. Lá, se a pessoa tem um guru, a pessoa o considera como alguém mais avançado que ela mesma, e existe o desejo instintivo de obedecer ao mestre sem questionar ou duvidar. Mas se considerarmos a E.E.T.[17], ou qualquer outro corpo composto por muitos ocidentais, para eles é muito difícil entender e ter uma fé tão abundante ao ponto de seguirem o Mestre, não importa para onde ele os guie. Eles parecem não compreender que a fé os habilita a pôr de lado seu próprio julgamento pessoal e considerar a ordem do Mestre com a maior atenção. Se vocês tiverem tal tipo de fé, então o seu próprio julgamento não ficará o tempo inteiro tentando prevalecer, visto que suporão que o Mestre é alguém mais avançado do que vocês mesmos. Ele está no topo da montanha e vocês estão no vale. Ele pode ver o sol muito antes que vocês que estão lá embaixo no vale. Consequentemente, vocês precisam de mais fé, protetora ou instintiva, como a fé das crianças, quando elas são novinhas, em re-

---

[17] Segundo Radha Burnier, em *Aprendendo a Viver a Teosofia* (Brasília: Teosófica, 2013. p. 203): "Há uma Escola Esotérica ligada à Sociedade Teosófica na qual podem ingressar, se assim o desejarem, aqueles que sejam membros da Sociedade Teosófica por um certo tempo, preenchendo as condições requeridas. A Escola Esotérica existe para os que desejam viver verdadeiramente a vida teosófica, e não apenas estudar Teosofia e assuntos correlatos. A sabedoria vem para aqueles cujas mentes são capazes de recebê-la. Os membros da Escola Esotérica preparam-se para uma vida de pureza e autodisciplina para se tornarem dignos de recebê-la. Ninguém, na Sociedade Teosófica, tem obrigação de ingressar no Caminho da virtude e do altruísmo que leva à sabedoria e à verdade, mas aqueles que estão na Escola Esotérica voluntariamente aceitam as sérias obrigações dos que querem trilhar a Senda." (N.E.)

Rumo ao Discipulado

lação aos seus pais, sabendo que eles sabem mais das coisas que elas mesmas. Esse é o tipo de fé que alguns de vocês deveriam ter, uma fé profundamente enraizada em vocês mesmos, e que funciona como um poder impulsionador por trás de suas ações progressivas.

É claro que ninguém quer que vocês sigam um mestre às cegas. Mas o Ocultismo requer que a pessoa dê algumas coisas como certas por enquanto, a menos que, logicamente, a sua natureza interior lhe diga para não fazer isso. Por exemplo, vocês precisam acreditar na existência dos Mestres, pois ela não pode ser comprovada por nenhum meio disponível. Mesmo que vocês pudessem vê-Los hoje, poderiam mais tarde sentir que foram enganados, ou coisa desse tipo. Vocês precisam ter esta espécie de fé inata. Se vocês a tiverem, ela lhes dará uma força imensa para seguir em frente, e o valor dessa fé se torna bem maior.

Considerem Amma como exemplo, com todos os seus verdadeiros seguidores. Sua fé é tão grande que eles seriam capazes de segui-la praticamente a qualquer lugar. Mas existem alguns dentre os seus seguidores que estão sempre duvidando e questionando. Se você a aceita como instrutora, você precisa estar pronto para ir com ela até onde lhe seja possível. No momento em que você descobrir que está contra alguma coisa que não consegue compreender de imediato, você deve suspender seu julgamento, mas não decidir que ela está errada. Durante o período do processo de descoberta da verdade pelo próprio ser individual, frequentemente, a pessoa precisa preservar seu próprio julgamento. Muito poucas pessoas são capazes de fazer isso, e, ainda assim, todas querem ser discípulos.

Voltando ao assunto, se vocês não forem capazes de confiar no Mestre, ou vocês ainda não O descobriram, ou, se O descobriram, vocês estão começando a afirmar o seu próprio "eu"; e seu próprio

90   *Rumo ao Discipulado*

julgamento está assumindo uma importância maior do que o Dele. É uma questão de ter ou não ter devoção e respeito. Os Mestres ou são reais ou não são. Se forem reais, nós devemos ter aquela tamanha fé que nos faria dizer: "eu não consigo ver algumas coisas, mas visto que você, que é muito mais desenvolvido do que eu, diz que elas existem, eu estou disposto a aceitar suas afirmações, e continuar a partir da premissa que elas são reais". Como vocês sabem se a Índia existe de verdade? Vocês que ainda não estiveram lá, têm que aceitar que a Índia existe.

Os Mestres existem. É nossa tarefa encontrá-Los; nós é que temos de subir até o ponto em que Eles venham nos encontrar; e Eles farão isso a partir do momento em que nós fizermos qualquer coisa capaz de atrair a Sua atenção. Numa noite escura, qualquer luz não importa quão fraca seja, pode ser vista. O Mestre sabe. Nós temos de ter a fé e o reconhecimento de nosso eu interno de que estamos em contato com o Mestre.

Além disso, mesmo que não tenhamos tal fé forte e completa, nós podemos ter fé de uma maneira diferente. É fácil imaginar que deve ter havido muitos ouvintes que vinham até o Buda, e diziam a si mesmos: "eu não acredito que ele seja tudo isso que se supõe que ele é, mas eu vou tentar escutar os seus ensinamentos". Eles tinham fé nos seus ensinamentos, embora não tivessem fé nele. Se vocês não tiverem fé nas personalidades dos Mestres, vocês devem ao menos ter fé em seus ensinamentos.

Todas estas coisas são vitais. Tudo tem importância, cada qualidade, cada boa ação e cada má ação, porque elas demonstram a atitude da mente. Isso é o que tem mais importância do que qualquer outra coisa no mundo. Considerem os Iniciados. Eles podem ter inúmeras faltas, algumas delas até bem evidentes. Mas eles têm

Rumo ao Discipulado 91

a atitude de ser altruístas, e de dizer: "Vocês podem estar certos, e eu errado".

Então, nós precisamos intensamente ter o desejo que nasce do altruísmo; esse sempre deve ser o nosso poder motivador. A maioria dos desejos nasce do egoísmo. Nós dizemos: "mate o desejo", e, logicamente, mate o desejo que nasce do egoísmo, como normalmente acontece. Mas se nós havemos de ter a força e a grandeza de sermos úteis, nós temos de tentar desenvolver o desejo que nasce do intenso altruísmo.

Quanto mais alguém pensa nessas coisas e observa as pessoas, mais percebe que para o verdadeiro ocultista a maior força motivadora não é a ambição pessoal de crescer, mas o desejo de ser semelhante ao Mestre. Se você tiver este desejo, então investigue-o profundamente, e veja se não há nele algum traço de egoísmo. Se houver, corte-o fora de imediato. Faça tudo o que puder para se livrar dele. A forma errada de ambição ou o desejo nascido do egoísmo entravará o seu caminho para a Senda do Ocultismo; todos os portões do céu se fecharão. Mas, se você quer se manter na Senda porque deseja servir, porque é tão belo o serviço que você não consegue deixar de admirar a grandiosidade e a beleza dele, então cada portão, cada entrada do céu estará aberta. No momento em que se apresenta o menor fragmento de egoísmo nas suas ações ou nos seus motivos, então a tendência é que as coisas deem erradas e que você se atrase na sua escalada. Se você for egoísta, como pode o Mestre imprimir em você as Suas ideias ou Seus ensinamentos que são destituídos de qualquer tipo de egoísmo?

Vocês se lembram de que lhes disseram: "Procure por Mim". O Mestre está lá para aquele que for capaz de vê-Lo. Ele deve estar presente em nossos desejos, em nossas ambições, em tudo enfim. Ele precisa estar presente em nosso trabalho, em nosso controle, em nosso relaxamento, em cada pensamento e ato. A pessoa mais influente e predominante em nossas vidas tem de ser o Mestre. Então, como folhas caídas no outono, toda coisa menor e sem importância deve cair, cada qualidade indesejável. Se puderem assumir essa atitude, vocês se tornarão unos com o Ser Supremo.

16

KRISHNAJI: Esta é nossa última conferência e, portanto, é oportuno que nós verifiquemos direito o motivo pelo qual estamos aqui, e como esperamos ser capazes de alcançar aquilo que almejamos.

Eu penso que é bastante óbvio que todos aqui um dia serão escolhidos como discípulos em Provação por diversos Mestres. E também é bem óbvio que todos queremos progredir ao ponto de chegarmos mais perto dos Mestres, pois é isso o que realmente importa e nada mais. Mas para nos aproximarmos dos Mestres nós precisamos ter o desejo correto, combinado com os esforços que precisam ser unidirecionais e constantes, sem depender de nosso humor ou dos nossos sentimentos.

Está claro que o que precisamos fazer é esquecer de nós mesmos, de nossas vontades e desejos egoístas, e nos concentrarmos no nosso propósito principal, o qual é alcançar os Mestres e servir-Lhes. Para poder esquecer de si mesmo, todos precisam ter bem claramente desenvolvidas as qualidades rudimentares as quais sabemos que nos faltam, e se livrar daquelas qualidades indesejáveis que têm. Nós precisamos destruir completamente certas fraquezas, para que elas não venham a brotar inesperadamente quando estivermos distraídos, ou não nos sentirmos muito bem, ou quando estivermos cansados.

A primeira coisa, a meu ver, é destruir absolutamente o eu, não deixar sobrar qualquer traço de egoísmo, isto pode ser feito examinando cada porta pela qual o egoísmo possa entrar. Pondo uma sentinela em cada porta para manter afastado o egoísmo. Há um elemento de egoísmo muito forte em cada um de nós. Podemos perceber em nossas ações diárias como ele é um elemento forte e dominante. Está claro da mesma forma que não são tanto as qualidades, mas as atitudes que aproximam uma pessoa dos Mestres. Mas para conseguir atitudes, temos de ter certas qualidades como fundamentação.

Nós precisamos exercitar em nós mesmos a ideia distinta de que nós não podemos em qualquer período ou em qualquer circunstância ser egoístas, quer em coisas pequenas, quer em coisas grandes, porque isso nos faria ficar para trás. O eu está escondido dentro de nós. É preciso cavar para trazê-lo a superfície. Nós precisamos arrancá-lo pela raiz sem piedade, destruí-lo, para que o egoísmo não apareça no decorrer do nosso desenvolvimento evolucionário posterior. Há uma ou duas pessoas nas quais não predomina o egoísmo, mas na maioria de nós ele predomina. Se não tomarmos cuidado, enquanto ainda somos jovens e entusiasmados, mais tarde ele se tornará como um peso atado aos nossos pés nos impedindo de voar. Um dos requisitos mais rudimentares é que o discípulo tem de ser altruísta. O motivo é que o Mestre não pode nos guiar ou nos influenciar, se nós não formos capazes de amar, não formos afetuosos; e não poderemos ser assim se formos egoístas e egocêntricos. Para muita gente ainda não está claro que o egoísmo em coisas pequenas é um pecado contra Deus e contra o Mestre. C.W.L. costumava repetir constantemente para mim e para Nytia, da manhã até a noite, que nós éramos discípulos do Mestre, e que não deveria haver nenhum pensamento egoísta em nós.

Cada um de nós deve examinar a si mesmo inteligentemente neste contexto, com a determinação de encontrar o eu em qualquer

Rumo ao Discipulado

esconderijo ou recanto obscuro em que ele se encontre dentro de nós e destruí-lo. Um homem egoísta nunca conseguirá avançar, nunca fará progresso, porque a espiritualidade não se aproxima nem se entrega a ele. É o homem aberto, limpo, franco, altruísta que avança. A maioria de nós vive numa espécie de atmosfera quente e desagradável; alguns de nós trazemos conosco tal atmosfera de desconforto, pois muitos de nós ainda não percebemos nem fazemos a menor ideia das possibilidades imensas do altruísmo. Cada um de nós precisa ser como o vento refrescante do norte. E nós não podemos mais perder tempo. Cada um precisa tomar muito cuidado com esta questão do egoísmo e do altruísmo. Vocês não fazem ideia de como o egoísmo pode surgir com força inesperadamente. Quando vocês menos desconfiarem, vão perceber a si mesmos com atitudes egoístas, vão descobrir que o egoísmo os está dominando. Quanto mais a pessoa avança, maior é a possibilidade de cair, e a possibilidade de cair para cada pessoa avançando na Senda da espiritualidade reside fundamentalmente no egoísmo. Nós, que estamos apenas no início, que apenas temos um vislumbre do distante topo da montanha, devemos estar alertas e sermos extracuidadosos no sentido de nos livrarmos do egoísmo. Se você já se livrou do egoísmo, os portões dos Céus nunca se fecharão para você.

A fim de obter um perfeito altruísmo, nós precisamos trabalhar com outras qualidades em nós. As outras qualidades são:

1. *Afeição.* Isto significar em primeiro lugar gostar de todas as pessoas e ser amigável com todos; mas é mais do que isso, pois também é ser capaz de dar ao outro uma afeição profunda. Não quer dizer andar sempre de mãos dadas, ou viver abraçando ou coisa deste tipo. Significa que você está disposto a dar ao outro o melhor de si.

Nós às vezes sentimos que não conseguimos nos afinar com algumas pessoas. Mas precisamos ser afetuosos com todos. Também nós não somos capazes de corresponder suficientemente ao amor que os outros nos dedicam. Não que as pessoas nos deem seu amor esperando algo em troca, mas de nossa parte, nós precisamos ser capazes de dar de volta o amor que recebemos naquele mesmo momento em que ele nos é dado. Nós precisamos reagir assim espontaneamente. Devemos estar transbordando esse sentimento, mas, em vez disso, ficamos insensíveis, ou então vivemos pensando apenas em nós mesmos, na nossa natureza sentimental, etc., quando na realidade, nós deveríamos retribuir com algo de nós mesmos. Todo mundo é capaz de demonstrar algum tipo de amor, mesmo o amor em sua forma mais carnal sob a forma de desejo sexual. Mas mesmo nesse tipo de afeto existe algum amor. Nós podemos fazer o nosso amor reluzir como um farol, ou deixá-lo tão tênue como a luz de uma vela.

Para cada um de nós, se vamos trilhar a Senda, a menos que sejamos bastante cuidadosos, a vida vai ser muito solitária. Todos estão interessados no trabalho, e ninguém está interessado na personalidade. Então se não nos encaixarmos em algum trabalho, naturalmente outra pessoa melhor qualificada irá tomar nosso lugar, e nós vamos nos sentir meio excluídos. Aí é que precisamos ter muito cuidado. Depois que renunciamos ao mundo exterior e chegamos a meio caminho do mundo da espiritualidade, nós seremos então terrivelmente solitários, e chegará o momento em que vamos começar a suprimir nossos sentimentos, porque essa é a maneira mais fácil de nos livrarmos deles. Então pode ser que uma coisa bela como uma rosa seja destruída nesse processo, e nós teremos de começar a construí-la de novo. Cada um de nós precisa estar alerta contra

Rumo ao Discipulado 97

isso e tomar cuidado para que a cada dia nos acostumemos a pôr em prática o amor, o ato de dar a alguém um pouco do nosso amor e do nosso afeto.

2. *Pureza.* Então temos de ser absolutamente puros. Quanto mais avançamos, maior precisa ser a nossa pureza. A maioria de nós deseja afeição em troca. Quanto mais afetuoso você for, tanto maior tem de ser o controle sobre o seu eu, porque a afeição misturada ao egoísmo torna-se grosseira e impura. Nossas afeições têm de ser puras, se tivermos de nos tornar o que precisamos nos tornar: a personificação do amor. Isso é tão simples e claro, e tão comum; e mesmo assim nós perdemos isso de vista e nos tornamos complicados, e pensamos em coisas que não têm importância.

3. *Solidariedade.* Então, se você tem afeição, verdadeira afeição, você estará disposto a ter a solidariedade que vai lhe fazer ser capaz de dar algo de seu ou compartilhar seus sentimentos com os outros. Nós ouvimos estas coisas vez após vez. Talvez ninguém venha lhe pedir nada, mas você precisa estar sempre disposto a dar aquilo que tem a partir de um olhar, de um gesto seu, de seu comportamento disposto a ajudar. Você precisa ter cada vez mais desta disposição armazenada, a fim de poder evocá-la ao menor sinal de pedido de ajuda. Nós temos estas qualidades, mas estamos tão embrutecidos em nosso próprio egoísmo e ambição que elas ficam soterradas e podem até desaparecer.

Afeição, reverência e devoção seguem uma o passo das outras. A pessoa a quem falta a afeição, começa a ter falta de reverência, porque sua mente se torna arrogante, e ela não consegue encontrar

98   *Rumo ao Discipulado*

mais ninguém a não ser a si mesma a quem possa admirar. Se vocês perceberem estas coisas, e tiverem estas qualidades essenciais ao alcance das mãos, vocês irão querer ter seu corpo sob perfeita direção e controle. Vocês já viram suja alguma flor lavada pela chuva e pelo vento? Nosso jardim precisa ser limpo e cultivado. Em vez de nos conservarmos puros em nossa beleza perene, nós nos rodeamos de todo tipo de impureza.

4. *Organização*. Novamente, vocês precisam ser organizados. Porque isso demonstra a sua atitude. Vocês precisam se vestir de forma apropriada, ter uma aparência limpa, agradável. Vocês precisam ter o desejo de ser limpos e ordeiros como o Mestre é. São a mente e o cérebro desleixados que denunciam falta de boa vontade. Mas suas ideias e seus desejos não precisam estar apenas nas roupas, como a mulher cujo templo é a Rua Bond. Eu quero ser um homem muito bem vestido porque o Mestre é um homem muito bem vestido. A maneira como você arruma seu cabelo, o estado dos seus sapatos, o seu jeito de andar, cada detalhe, não importa quão pequeno, é importante. C.W.L. costumava nos dar um sermão quando nós estávamos desarrumados ou nosso cabelo estava embaraçado. Prestem atenção: isso não tem importância lá no fim da caminhada, mas no início tem muito mais importância do que vocês imaginam. E vocês têm de manter seus corpos bem e saudáveis por amor ao Mestre. Todo o seu ser existe somente para o Mestre. Vocês precisam ter um corpo que seja responsivo, que tenha fibra e vigor, e que não seja mole. Tudo tem importância – a sua aparência, seu jeito de falar e de sorrir, seu comportamento, seus modos são tudo. Todos queremos atingir o cume da montanha, e ainda assim não sabemos amarrar os cordões dos sapatos. Como vocês esperam que o Mestre possa se aproximar

Rumo ao Discipulado

de qualquer um de nós, se nossas mentes, nossas emoções, todo o nosso ser estão no meio de um turbilhão?

5. *Adaptabilidade*. Embora precisemos manter tudo em seus devidos lugares, nós temos de evitar cair no marasmo. Vocês têm que evitar os extremos. Vocês precisam ser organizados, mas não deixem todo mundo perceber que estão o tempo todo tentando fazer isso. Não deixem a mente entrar em um sulco ou em um molde invariável. Mas quando o Mestre pedir, a sua mente deve se tornar relaxada, para que novas ideias, novas inspirações possam penetrar. Ela precisa ser elástica. E o mesmo vale para as emoções.

6. *Equilíbrio*. Ainda não há fibra o suficiente na nossa constituição. Não há ainda aquele vigor que torna os homens grandes. Nós nos deixamos deprimir facilmente em um momento, e noutro estamos exultantes. Num dia alguma coisa nos afeta de certa maneira, e noutro dia a mesma coisa nos afeta de maneira diferente. Ficamos deprimidos facilmente; e não há maior inimigo que possa nos manter distantes do Mestre do que a depressão. É como uma nuvem densa que encobre o sol, e escurece tudo. É uma coisa da qual vocês têm de se manter acima. Mesmo assim, dia sim, dia não, nós nos sentimos angustiados, sozinhos, e por isso fazemos muito pouco progresso. Se tivermos a atitude correta nós vamos procurar nos manter animados e contentes.

7. *Distinção*. Nós precisamos não ser *bourgeois*[18]., uma mistura de bom, mal e indiferente, uma mistura de positivo e negativo.

---

[18] Do francês burguês; aplicado em inglês para designar pessoas conservadoras, de mentalidade provinciana, conformistas. (N.T)

Um Mestre não deseja ter um discípulo desse tipo. Ele é capaz de encontrar melhores exemplos de seres humanos. O que Ele deseja é uma pessoa que afirme: "eu estou disposto a me deixar converter em qualquer coisa que Você quiser que eu seja". Se você tiver esta disposição, você também terá todas as outras qualidades exigidas. Se você for um devoto verdadeiro, tudo: o vento, uma nuvem, o céu azul terão alguma coisa para lhe oferecer, e farão de você, em certa medida, aquilo que o Mestre quer.

Vocês não sabem o que perdem todo dia ao permitir que coisas tão pequenas os vençam. Um dia desses aconteceu de o Mestre estar conosco por algum tempo, e mesmo assim muito poucos de nós O reconheceram ou perceberam esse fato. Nós não temos capacidade de reconhecer quando um Ser tão especial está perto de nós, por causa do nosso velho hábito de ficar o tempo todo só preocupados com nós mesmos, como todos já sabemos muito bem, e isso é uma coisa que contribui para nos deixar tristes, e também, para entristecer os outros. Alguns de nós ainda não têm sequer os rudimentos, as coisas mais essencias ao discipulado. Todos nós temos alguma coisa definida a aprender, e alguma coisa definida a oferecer, e isso é nós mesmos – nosso amor, nossa devoção, tudo aquilo que é grandioso em nós. E nós temos de aprender tudo aquilo que o Mestre quer que aprendamos, e não sair por aí catando lixo aqui e acolá. Nós precisamos ter todas essas coisas cuidadosamente armazenadas na nossa retaguarda, para que sempre possamos recorrer a nós próprios e sermos lâmpadas para nós mesmos. É como viver num lindo jardim, de modo que quando você ficar cansado você possa ir para lá e descansar.

8. *Autodomínio*. Nós ainda não aprendemos a separar o corpo da alma, o feio do belo, e mesmo assim queremos nos aproximar do

Rumo ao Discipulado 101

Mestre. Todo dia que passa no qual não se tem autodomínio verdadeiro é um dia perdido, um dia desperdiçado, gasto consigo mesmo e não no serviço do Mestre, um dia gasto não no Seu serviço, mas em se buscar nossos próprios objetivos vãos e egoístas.

Vocês precisam ter nos seus jardins todas as coisas maravilhosas que uma pessoa é capaz de desenvolver. Elas já estão lá, mas estão bloqueadas por falta de expressão. Tornem os seus jardins cada vez mais belos, e um dia eles estarão tão maravilhosos que o mundo virá admirá-los; por enquanto, ninguém liga a mínima se vocês têm ou não um jardim, ou que tipo de flores ele contém. Nós precisamos separar a alma – o maravilhoso jardim com todas as coisas belas que ele contém, suas emoções puras, belos pensamentos, afeições grandiosas, – do egoísmo do eu. Se vocês forem uma mistura dos dois, levará muitos anos para se darem conta da distinção entre essas duas coisas, e agirem a partir da consciência desta distinção. Estas duas coisas são tão claras como a noite e o dia, e mesmo assim nós estamos desperdiçando tempo e energia por não agirmos.

Todo esforço na direção correta clareia a visão da Verdade. Em vez de partirmos metaforicamente com as mandíbulas cerradas e os dentes trincados e músculos tensos, se partirmos naturalmente e de forma simples, mantendo a meta constantemente diante dos nossos olhos, nós devemos chegar lá muito em breve. Nós somos descuidados, negligentes, e de repente largamos tudo. No dia seguinte, mesmo que não sejamos mais negligentes, o tempo perdido não vai voltar. Nós devemos nos colocar acima dessas flutuações. Quando o Instrutor do Mundo estiver aqui, o dia em que estivermos cansados e negligentes será inútil. Será um lindo dia lá fora e nós estaremos trancados num quarto. É isso o que estamos fazendo: um dia sob um céu claro e respirando ar puro, e o outro nos trancando em um quarto sem ventilação.

102   *Rumo ao Discipulado*

Todos nós somos inteligentes, mas agora atingimos um estágio em que precisamos emergir acima de nossas limitações do eu, se nossa inteligência tiver de nos servir para alguma coisa. O que precisamos é do desejo, da força e da determinação de nos mantermos sempre em nosso jardim, e direcionarmos nosso amor, devoção e serviço a partir do jardim e não da casa. E agora está chegando a hora de testar e descobrir qual é o verdadeiro valor de cada um de nós. Agora chegou o momento em que devemos usar toda a nossa força mental e emoções para cultivar o nosso jardim, e não deixar passar nem sequer um dia, nem um segundo, sem trabalhar no jardim e fazer uma melhora aqui ou ali. Quanto mais aprimorar o seu jardim, quanto mais mato você arrancar dele, maior se tornará sua beleza e atração. E a beleza e glória daquele jardim depende de cada um de nós. Nós não temos nem um segundo a perder. Vocês não sabem da grande beleza que está à nossa frente; e cada segundo que nós passamos sem autodomínio representa um aumento da negação daquela beleza.

Afinal de contas, todos nós estamos aqui para servir ao Instrutor quando Ele[19] finalmente chegar. Nós devemos ser como flores maravilhosas, exalando um perfume delicioso onde quer que formos; e deveremos ser capazes de fazer isso se tivermos cultivado e embelezado o nosso jardim. Então, não importa onde nós estivermos, em Londres, Adyar, Sidney, Pergine ou numa favela. Encarreguem-se de tornar aquele jardim tão belo que ele se transforme num santuário digno do Mestre, um lugar no qual seus amigos – e até mesmo seus adversários – possam entrar num estado de adoração perpétua e numa atitude de veneração.

---

[19] Ver Prefácio. (N.E.)

Maiores informações sobre Teosofia e o Caminho Espiritual podem ser obtidas escrevendo para a **Sociedade Teosófica no Brasil** no seguinte endereço: SGAS Quadra 603, Conj. E, s/ nº, CEP 70.200-630 Brasília, DF. O telefone é (61) 3226-0662. Também podem ser feitos contatos pelo e-mail: secretaria@sociedadeteosofica.org.br
site: www.sociedadeteosofica.org.br.